Überzeugende Start-up-Pitches

Bartosz Kajdas

Überzeugende Start-up-Pitches

Wie junge Gründer*innen jeden Wettbewerb gewinnen können

Bartosz Kajdas
Mannheim, Deutschland

ISBN 978-3-658-41573-0   ISBN 978-3-658-41574-7 (eBook)
https://doi.org/10.1007/978-3-658-41574-7

Die Deutsche Nationalbibliothek verzeichnet diese Publikation in der Deutschen Nationalbibliografie; detaillierte bibliografische Daten sind im Internet über http://dnb.d-nb.de abrufbar.

© Der/die Herausgeber bzw. der/die Autor(en), exklusiv lizenziert an Springer Fachmedien Wiesbaden GmbH, ein Teil von Springer Nature 2023

Das Werk einschließlich aller seiner Teile ist urheberrechtlich geschützt. Jede Verwertung, die nicht ausdrücklich vom Urheberrechtsgesetz zugelassen ist, bedarf der vorherigen Zustimmung des Verlags. Das gilt insbesondere für Vervielfältigungen, Bearbeitungen, Übersetzungen, Mikroverfilmungen und die Einspeicherung und Verarbeitung in elektronischen Systemen.
Die Wiedergabe von allgemein beschreibenden Bezeichnungen, Marken, Unternehmensnamen etc. in diesem Werk bedeutet nicht, dass diese frei durch jedermann benutzt werden dürfen. Die Berechtigung zur Benutzung unterliegt, auch ohne gesonderten Hinweis hierzu, den Regeln des Markenrechts. Die Rechte des jeweiligen Zeicheninhabers sind zu beachten.
Der Verlag, die Autoren und die Herausgeber gehen davon aus, dass die Angaben und Informationen in diesem Werk zum Zeitpunkt der Veröffentlichung vollständig und korrekt sind. Weder der Verlag noch die Autoren oder die Herausgeber übernehmen, ausdrücklich oder implizit, Gewähr für den Inhalt des Werkes, etwaige Fehler oder Äußerungen. Der Verlag bleibt im Hinblick auf geografische Zuordnungen und Gebietsbezeichnungen in veröffentlichten Karten und Institutionsadressen neutral.

Illustrations by Jonathan Meier

Planung/Lektorat: Maximilian David
Springer Gabler ist ein Imprint der eingetragenen Gesellschaft Springer Fachmedien Wiesbaden GmbH und ist ein Teil von Springer Nature.
Die Anschrift der Gesellschaft ist: Abraham-Lincoln-Str. 46, 65189 Wiesbaden, Germany

Für Henry und Ella.
Ihr habt es in der Hand, die Welt von morgen zu gestalten.

Vorwort

Als Wissenschaftler*in, Expertin oder Experte wird man durch die akademische Ausbildung zum objektiven und analytischen Beobachter erzogen, um systematisch und emotionslos neue Erkenntnisse aus Beobachtungen oder Experimenten zu gewinnen.

Die rationale Art und Weise ist das Werkzeug jeden Forschers, mit dem Problemstellungen identifiziert und Ursachen erforscht werden, damit aus den Erkenntnissen neues Wissen entsteht. Dieser Erkenntnisprozess und die Fähigkeit, ein Thema wissenschaftlich aufzubereiten, kann mehrere Jahre dauern und wird am Ende mit einer Promotion – der Doktorarbeit – urkundlich bestätigt.

Zum Ende der Promotionszeit rutschen viele junge Wissenschaftler*innen in eine besondere Entscheidungssituation. Viele müssen sich mit existenziellen Fragen auseinandersetzen, die sich zum einen auf den weiteren Karriereweg (Wirtschaft vs. Wissenschaft) beziehen und zum anderen auf die individuelle Lebensplanung („Wie möchte ich mein Leben in Zukunft gestalten?").

Der Traum, im wissenschaftlichen Betrieb zu verbleiben und später Professor*in zu werden, wird nur von wenigen Wissenschaftler*innen erreicht. Statistische Daten der Gemeinsamen Wissenschaftskonferenz

(GWK) belegen, dass es im Jahr 2018, 71.193 Bewerber*innen und nur 3059 Berufungen gab, ein Anteil von gerade einmal 4,29 %.[1] Viele junge Wissenschaftler*innen entscheiden sich zum Ende der Promotionszeit, in Anbetracht dieser Zukunftsaussichten, für eine Karriere außerhalb des akademischen Betriebs.

In den letzten Jahren wurde die Fragestellung „Wirtschaft oder Wissenschaft?" nach dem Studium oder der Promotion für viele Forscher*innen durch eine dritte Karriereperspektive erweitert: Die Gründung eines eigenen Unternehmens (Startups) ermöglicht vielen Forschern mit der eigenen Forschung weiterzumachen und die Forschungsergebnisse mit einem Startup erfolgreich zu verwerten.

Die Entscheidung, ein Startup zu gründen, kann aus der eigenen intrinsischen Motivation erfolgen („Ich glaube an das Potenzial meiner Forschungsergebnisse") aber auch durch existenzielle Rahmenbedingungen („Ich muss gründen, sonst finde ich keinen Job"). In beiden Fällen können die Anstrengungen der Wissenschaftler zu einem erfolgreichen Startup führen. Dennoch ist der Schritt zur Gründung mit vielen Unsicherheiten und Selbstzweifeln belegt.

> Die Hauptfrage, die sich die meisten jungen Wissenschaftler*innen stellen ist: „Kann ich als Wissenschaftler*in zum/r Unternehmer*in werden?"

Bei dieser Fragestellung holt dich das vorliegende Buch ab. Es richtet sich insbesondere an junge Wissenschaftler*innen, Expertinnen und Experten, die den Gründungsschritt vor Augen haben oder bereits gegangen sind und verstehen möchten, wie man in die unternehmerische Rolle reinwächst und überzeugende Pitch-Präsentation hält, ohne seine Identität als (Fach-) Experte aufgeben zu müssen.

Ein wichtiger Schritt zum/r Unternehmer*in ist es, sich und seine Vision gut vermarkten zu können. In der Startup-Welt wird die Selbst-

---

[1] GWK (2019). Chancengleichheit in Wissenschaft und Forschung. https://www.gwk-bonn.de/fileadmin/Redaktion/Dokumente/Papers/Druckfassung_Heft_65_23_Fortschreibung_CHAG.PDF. Abgerufen am 08. Februar 2023.

vermarktung häufig in Präsentationen, den sogenannten Pitches zum Besten gegeben. Die TV-Sendung „Die Höhle der Löwen" auf VOX, konnte diese Art des Pitchens einem breiten Publikum vermitteln. Dennoch unterscheiden sich die Präsentationen aus „Die Höhle der Löwen" von Präsentationen mit Science-Bezug deutlich. Häufig müssen Wissenschaftler*innen komplexe Produkte oder Lösungen vorstellen, die nicht trivial zu erklären sind. Zudem sind die Geschäftsmodelle eher auf den Business-to-Business (B2B) Bereich ausgelegt, der vielen Endverbrauchern unbekannt ist.

Dieses Buch soll dir dabei helfen, dich, dein Produkt, Service oder deine Technologie bei Pitching-Events gut zu vermarkten. Denn was bringt es dir, ein fantastisches Produkt zu haben, das keiner versteht oder kennt? Schließlich willst du das Publikum mit deinem Pitch begeistern und das große Potenzial deiner Idee zeigen!

Dich erwartet in diesem Buch deshalb eine andere Struktur als in klassischen Startup Handbüchern. Ich möchte, dass du dieses Buch nicht nur liest, sondern gleichzeitig damit arbeitest. Dazu habe ich Übungen und interaktive Elemente (QR-Codes) eingefügt, die dir bei der Erstellung deines perfekten Pitches helfen werden.

Sowohl für „neue" Pitches als auch für die Optimierung bestehender Pitches ist das Buch dein Schlüssel zum Erfolg. Meine Methode wird zu deinem individuellen Handbuch, mit dem du dein Auftreten und deine Wirkung in Zukunft verbessern wirst.

Warum dieses Buch?
Als ehemaliger Startup-Berater (Universität Heidelberg und Technischen Universität Darmstadt) und Gründer von Startups from Science, habe ich mehr als 500 Gründungsteams, aus fast allen wissenschaftlichen Disziplinen erfolgreich auf Gründungswettbewerbe, Pitching-Events und Investorengespräche vorbereitet. Durch die vielen Einblicke musste ich feststellen, dass es akademische Gründer*innen gab, denen es leichter fiel, sich bei Startup-Events erfolgreich zu präsentieren. Ich habe mich gefragt, warum einige Startup-Teams jedes Pitching-Event gewinnen und andere nicht? – Welches „geheime" Wissen haben diese Startup-Teams, das andere nicht haben?

Das Rätsel um die Erfolgsfaktoren ließ mich in meiner beruflichen Arbeit nicht los. Deshalb begann ich bereits im Jahre 2017 mit einer intensiven Analyse aller Gewinnerteams, die ich begleitet hatte, um dem Geheimnis guter Pitches auf die Spur zu kommen. Dazu habe ich Interviews mit den Gründungsteams geführt, mir zahlreiche Videoaufzeichnungen der Pitches angesehen, das Feedback der Jury studiert und meinen Coachingansatz reflektiert.

Mit den gewonnenen Erkenntnissen habe ich eine strukturierte Methode entwickelt, die ich **APP-Pitch-Program**© nenne und die aus den drei Bereichen **Analyze, Produce** und **Perform** bestehen. Mit dieser Methode wirst du mit deinem Fachwissen und deiner Professionalität überzeugen, aber gleichzeitig das Publikum mit deinem Pitch-Deck auf emotionaler Ebene begeistern.

Warum ist das gute Präsentieren so wichtig?
Im Volksmund heißt es: „Für den ersten Eindruck gibt es keine zweite Chance!" Das gilt ebenfalls für dein nächstes Pitching-Event. Eine gute Vorbereitung rund um dein Pitch-Deck ist daher die wichtigste Basis. Und wer die Welt von morgen mitgestalten möchte, benötigt eine Stimme, muss präsent, eloquent, selbstsicher und vor allem durch sein Auftreten überzeugen können.

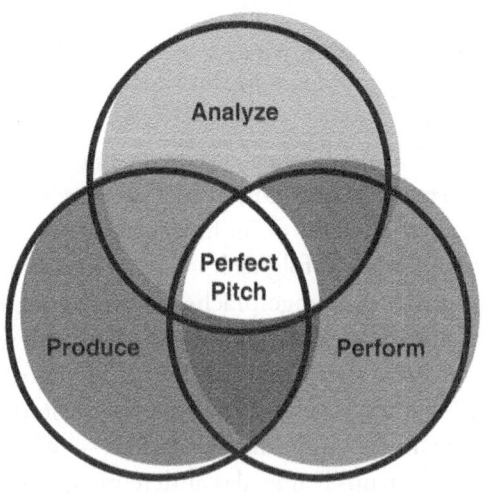

Aufbau des Buches

Analyze besteht aus einer Checkliste, die die wichtigsten Fragen zu Vorbereitung des Pitch-Decks auflistet. Hierzu gehören die Anforderungen des Adressaten oder Publikums, deine Story, die Aufbereitung, die Art des Vortrags und natürlich der konkrete Inhalt. Im Analyze-Teil werde ich dir erläutern, warum eine gute Vorbereitung auf das Pitching Event so essenziell ist und welchen Nutzen die Beantwortung der vielen Analyze-Fragen für dich hat.

Anschließend folgt der Bereich Produce, der sich konkret den Aspekten der Konzeption, der Visualität und der Untermalung des Pitch-Decks mit Beispielen widmet. In diesem Abschnitt werde ich dir Schritt für Schritt zeigen, wie du inhaltlich und visuell ein hervorragendes Pitch-Deck erstellst.

Abschließend geht es im dritten Teil um das Präsentieren, an dem die meisten Forscher*innen die größten Herausforderungen bei sich feststellen. Im Bereich Perform erkläre ich dir, wie du sowohl präsent vor Ort als auch digital beim Pitchen überzeugst und keine Fragen offenlässt. Die Art deines Auftritts ist hierbei fast so wichtig wie deine Gründungsidee selbst.

Mit jedem Bereich meines APP-Pitch-Program© sammelst du praktische Erfahrung rund um dein neues und einzigartiges Pitch-Deck. Auch die Optimierung eines bereits bestehenden Pitch-Decks kommt natürlich nicht zu kurz. So stellst du dich gut vorbereitet neuen Herausforderungen und findest mehr über dich, deine Ziele und dein Potenzial heraus.

> **Wie du dieses Workbook benutzt**
>
> In den nachfolgenden Kapiteln wirst du immer wieder Übungen finden, die dir helfen, das erworbene Wissen auf deine Situation und deinen Pitch zu übertragen. Ich empfehle dir, die Übungen schriftlich zu bearbeiten, in digitaler Form oder ganz klassisch mit Stift und Papier. Für einige Beispiele und Erklärungen verwende ich QR-Codes, die dich auf die Website https://ueberzeugendestartuppitches.de/ leiten. Dort habe ich für dich Übungen hinterlegt, die du direkt mit deinem Smartphone oder Tablet ausfüllen oder auch nochmal für dich ausdrucken kannst. Mit den QR-Codes zeige ich dir ebenfalls, wie ein Pitch-Deck beispielhaft aussehen kann. Die Slides kannst du nur durch das Abscannen der QR-Codes erreichen.

Leser*innen dieses Buches können sich auf der Website https://ueberzeugendestartuppitches.de/ registrieren und alle Übungen als PDF-Version kostenlos herunterladen. Mit dem nachfolgenden QR-Code gelangst du zur Registrierungsseite.

https://ueberzeugendestartuppitches.de/registrierung/

Bartosz Kajdas

Inhaltsverzeichnis

1 **Analyze! – Ein guter Pitch beginnt mit einer gründlichen Analyse**   1
   1.1 Motivation und Gründe an einem Wettbewerb teilzunehmen   2
   1.2 Die Erfolgsfaktoren einer Bewerbung   5
   1.3 Rahmenbedingungen verraten viel über das Pitching-Event   9
   1.4 Feinschliff deiner Bewerbungsunterlagen   11
   1.5 Deine Gliederung als roter Faden   14
   1.6 Die richtige Story zum passenden Wettbewerb   17
   1.7 Analyze!-Fazit   22
   Literatur   23

2 **Produce! – Das Pitch-Deck zum Herzstück deines Vortrages machen**   25
   2.1 Das Dreieck der Rhetorik   26
   2.2 Die Storyline als Basis guter Pitches   28
   2.3 Mit Geschichten einen bleibenden Eindruck hinterlassen   28

2.4		Aber Wissenschaftler*innen erzählen doch keine Geschichten!?	31
2.5		Werde Architekt*in eines wirkungsvollen Pitches	33
2.6		Die Länge deiner Story variiert	36
2.7		Zielsetzung deines Pitches	36
2.8		Exkurs: Visuelle Merkmale als wiederkehrende Elemente deines Pitch-Decks	37
2.9		Vom Storytelling zur Pitch-Deck Struktur	40
2.10		Die häufigsten Slides im Pitch-Deck	42
	2.10.1	Hook und Titelfolie	43
	2.10.2	Die Problem-Slide	44
	2.10.3	Die Lösungs-Slide	54
	2.10.4	Die "Secret Source"- bzw. Technologie-Slide	60
	2.10.5	Die Markt-Slide	69
	2.10.6	Die Wettbewerbs-Slide	73
	2.10.7	Die Geschäftsmodell-Slide	78
	2.10.8	Die Go-To-Market-Slide	83
	2.10.9	Metriken im Pitch-Deck	90
	2.10.10	Die Team-Slide	96
	2.10.11	Die Traction-Slide	98
	2.10.12	Closing und Ask	99
2.11		Gut vorbereitet auf die Q&A-Session (Fragerunde) nach deinem Pitch	100
2.12		Der rote Faden deines Pitch-Decks	102
2.13		Produce!-Fazit	104
		Literatur	105
3	**Perform! – Entfalte deine Performance**		**107**
3.1		Anforderungen an das Präsenz-Pitching	107
	3.1.1	Der passende Präsentationsstil	108
	3.1.2	Image und Auftreten	111
	3.1.3	Kleidung und Optik	112
	3.1.4	Technische Voraussetzungen des Wettbewerbs	113
3.2		Live-Pitch vor Publikum	114

3.3	Drei Übungen für das perfekte Auftreten		115
	3.3.1	Übung 1: Pitchen vor dem Spiegel	115
	3.3.2	Übung 2: Point of Smile	116
	3.3.3	Übung 3: Videoanalyse	117
	3.3.4	Gestik während deines Pitches	117
	3.3.5	Die Sprache deines Körpers	118
	3.3.6	Deine sprachliche Ausdrucksweise ist der Zugang zum Publikum	118
3.4	Pitching im digitalen Umfeld		119
	3.4.1	Deine Mimik	120
	3.4.2	Deine Gestik	120
3.5	Deine Körpersprache im digitalen Raum		121
	3.5.1	Deine Ausdrucksweise im digitalen Raum	121
	3.5.2	Dein Erscheinungsbild im digitalen Raum	121
	3.5.3	Hast du die Technik im Griff?	122
3.6	Perform!-Fazit		122

4 Nach dem Event – Optionen, Nachbereitung und Ausblick — 125

4.1 Was passiert, wenn du gewinnst? — 125
4.2 Was passiert, wenn die Jury anderer Meinung ist? — 128
4.3 Mit jedem Versuch zu mehr Erfahrung — 129

Danksagung — 131

1

Analyze! – Ein guter Pitch beginnt mit einer gründlichen Analyse

Abraham Lincoln sagte einmal: „Wenn ich einen Baum fällen müsste und acht Stunden Zeit dafür hätte, würde ich sechs Stunden damit verbringen, meine Axt zu schleifen." (Ternés & Reiber, 2019, S. 17) Diese Vorbereitungszeit, von der Lincoln spricht, finden wir heutzutage immer noch in vielen beruflichen Routinehandlungen wieder.

Flugzeugpiloten zum Beispiel prüfen mithilfe einer Checkliste vor jedem Start alle wichtigen Instrumente und Funktionen am Flugzeug, um Defekte und Störungen während des Fluges auszuschließen. Ist das Flugzeug erst einmal abgehoben und in der Luft, können Piloten nur eingeschränkt auf Störungen reagieren.

Ich habe mich oft gefragt, warum Gründer*innen nicht vor jedem Event ihre eigene Checkliste durchgehen. Meine eigene Befragung hatte gezeigt, dass sich viele Gründerteams eher ad hoc und unvorbereitet auf Pitchingwettbewerbe vorbereiten, begründet mit der Aussage, dass es „irgendwie schon klappt". Diese Aussage wird begleitet mit dem Beleg, dass man als Wissenschaftler*in durch Lehrveranstaltungen und Vorträge bei Konferenzen geübt sei im Präsentieren. Warum diese Einstellung teilweise Millionen gekostet hat, erfährst du in Kürze.

Wie du mit der APP- Checkliste arbeitest
Dieses Kapitel entspricht einer Art Handreichung zu der Checkliste des APP-Pitch-Program©. Damit du die Hintergründe der Fragen und Anmerkungen verstehst, erläutere ich dir die Fragen, die auf der Checkliste stehen. Du findest die Checkliste auf der Website als Download. Scanne dazu den folgenden QR-Code, um zur Checkliste zu gelangen.

https://ueberzeugendestartuppitches.de/checkliste/

1.1 Motivation und Gründe an einem Wettbewerb teilzunehmen

Warum nimmst du überhaupt an einem Wettbewerb teil? – Hast du dir diese Frage schon einmal gestellt? Wenn nein, dann nimm dir drei Minuten Zeit, um über diese Frage nachzudenken.

Du solltest dir zunächst klarmachen, warum du überhaupt an einem Wettbewerb teilnehmen möchtest und wie dieser zu deiner Unternehmensstrategie passt (Do, 2019). Ich konnte feststellen, dass Teams, die die Frage nach dem „Warum" für sich beantworten konnten, deutlich häufiger Juroren von ihren Ideen und Konzepten überzeugen konnten als Teams ohne klare Zielrichtung.

Weil die Beantwortung der Warum-Frage so essenziell ist, besteht deine Hauptaufgabe als Gründer*in darin, eine gute Antwort auf diese Frage zu geben. Denn du selbst sollst zu 100 % hinter deiner Geschäftsidee stehen. Um herauszufinden, was deine Vision (dein Warum?) ist und was dich konkret antreibt, wird hier eine Übung aus dem japanischen Raum kurz vorgestellt, die sich **„Ikigai"** nennt.

Finde dein „Warum" mit dem Ikigai-Modell

„Ikigai" bedeutet – frei übersetzt aus dem Japanischen – so viel wie „das, wofür es sich zu Leben lohnt". Ein Blick in Youtube kann ich dir wärmstens empfehlen, dort findest du gute Zusammenfassungen und Übungen von zahlreichen nationalen und internationalen Anbietern. Es gibt ein sehr gutes Video von Chris Do auf Youtube (Do, 2019). Den Link findest du im Literaturverzeichnis. Hier im Workbook gehe ich nur kurz auf das Modell ein.

Im Zentrum des Ikigai-Modells stehen vier Fragestellungen:

1. Was liebe ich? Was ist meine Leidenschaft?
2. Worin bin ich besonders gut? Was sind meine Stärken?
3. Wofür werde ich bezahlt? Womit kann ich Geld verdienen?
4. Was braucht die Welt? Womit leiste ich einen Beitrag für die Welt

Stelle dir diese vier Fragen als Kreise vor, die so angeordnet sind, dass sie sich überschneiden, wie in Abb. 1.1 zu sehen.

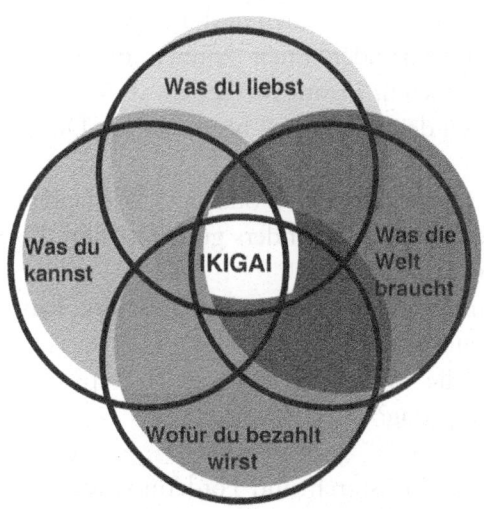

Abb. 1.1 Kreise des Ikigai's. (Vgl. Cover „My little Ikigai" von Kudo, 2018)

> Am besten stellst du dir mit deinem Smartphone einen 3-minütigen Timer pro Frage-Kreis ein und in dieser Zeit schreibst du alle spontanen Gedanken und Ideen auf, die dir in den Sinn kommen. Du solltest versuchen, so viele Ideen wie möglich für jeden Kreis zu sammeln. Versuche dich selbst nicht zu limitieren und lasse deiner Fantasie und Kreativität freien Lauf! Denke nicht gleich kritisch über deine Ideen und notiere private als auch berufliche Ideen. Alles ist erlaubt!

Das Ikigai-Modell ist der erste Schritt, um die Selbstreflexion als Gründer*in zu beginnen. Das Sichtbarmachen dieser vier zentralen Aspekte deckt immer wieder neue Facetten der eigenen Persönlichkeit auf und führt dazu, sich selbst, seine Einstellung und Motivation zu hinterfragen. Erst wenn du dir über dich selbst im Klaren bist, warum du ein Startup gründen möchtest, wirst du dieses Selbstbewusstsein auch auf deine Vorträge übertragen.

Du kannst die Ikigai-Methode auch als Gründerteam durchführen. Der einzige Unterschied zur Selbstreflexion ist, dass du mit deinem Team über die Ergebnisse offen sprichst. Aus Erfahrung weiß ich, dass diese Übung bei Gründerteams viel Rede- und Reflexionsbedarf auslöst. Diese Reflexion ist es aber, die dich und dein Startup weiterbringt.

Fortgeschrittene Gründer*innen können diese Methode auch auf das Startup abstrahieren. Damit meine ich, dass du die oben gestellten Fragen „im Namen deines Startup" beantwortest. Du fragst dich also:

1. Was ist die Leidenschaft meines Startups? Wie lautet die Vision?
2. Worin ist mein Startup besonders gut? Was sind die Stärken meines Unternehmens?
3. Wofür bekommt mein Startup Geld? Womit kann mein Startup Geld verdienen?
4. Was braucht die Welt von meinem Startup? Wozu leistet mein Startup einen Beitrag?

Übrigens erkennen Investoren und Fördermittelgeber ziemlich schnell, ob Gründer*innen wirklich für ihre Ideen brennen und intrinsisch motiviert sind. Lass uns jetzt bei der nächsten Übung die deine Motivation und Gründungsmotive überprüfen.

> **Was sind meine Gründungsmotive?**
>
> Bitte überlege dir, welche Antwort auf dich zutrifft und notiere dir die Anzahl der Fragen, die du mit „ja" beantwortet hast:
>
> - Ich habe eine genaue Vorstellung von meinem Projekt.
> - Ich arbeite an Lösungen für Probleme, die viele Menschen betreffen.
> - Ich kenne den finanziellen Betrag, den ich für mein Projekt benötige.
> - Ich weiß, wofür ich die Fördersumme/Preisgeld verwenden möchte.
> - Ich bin in der Lage, den Mehrwert für andere zu beschreiben.
> - Ich konnte die inhaltliche Projektplanung bereits finalisieren.
> - Ich weiß, wo ich in 5 Jahren mit dem Projekt stehen möchte.
>
> Folgende Auswertung hilft dir, dich besser einzuschätzen:
>
> - 0–2 zutreffende Antworten: Du solltest noch mal deine Gründungsmotivation überprüfen. Möchtest du wirklich gründen?
> - 2–4 zutreffende Antworten: Ok, du hast dir schon grundlegende Gedanken zu deiner Vision und Gründungsmotivation gemacht. Versuche deine Vorstellungen genauer zu beschreiben und so viele Aspekte wie möglich in deine Überlegungen miteinzubeziehen.
> - 4–7 zutreffende Antworten: Klasse, du bist auf dem richtigen Weg und hast schon eine genaue Vorstellung, wohin es geht!

1.2 Die Erfolgsfaktoren einer Bewerbung

Jeder Pitch wird durch die anwesenden Juroren nach unterschiedlichen Gesichtspunkten bewertet. Während die schriftliche Bewerbung in vielen Fällen die Voraussetzung für eine Teilnahme an einem Wettbewerb ist, entscheidet bei anderen Events der Pitch vor Juroren und Publikum über den Erfolg.

Bei den meisten Wettbewerben, auf die ich mich mit jungen Gründer*innen vorbereitet habe, gibt es vier Faktoren, nach denen eine Unternehmensidee oder ein Startup bewertet wird. Manchmal musst du ein wenig um die Ecke denken, denn in den Teilnahmebedingungen sind die vier Faktoren nicht immer gleich ersichtlich bzw. werden unterschiedlich sprachlich ausgedrückt.

Es geht aber immer um diese vier Bewertungsfaktoren:

1. **Kundenwunsch vorhanden (Desirability)?** Präsentierst du eine echte Lösung, die Kunden wirklich WOLLEN und BRAUCHEN?
2. **Umsetzbarkeit der Idee (Feasibility)?** Kannst du deine Lösung mit deinen vorhandenen Mitteln erstellen und vertreiben?
3. **Rentabilität der Idee (Viability)?** Ist der Verkauf und Vertrieb deiner Lösung profitabel und wirtschaftlich nachhaltig?
4. **Skalierbarkeit der Idee (Scaleability)?** Ist deine Idee dazu geeignet, dass sie in hoher Stückzahl verkauft oder genutzt (bei Lizenzmodellen oder Dienstleistungen) werden kann?

Damit du die Arbeit der Juroren nachvollziehen kannst, erkläre ich dir die vier Bewertungsfaktoren etwas genauer.

Der Kundenwunsch – Desirability

Für Juroren ist es wichtig, dass du mit deiner Lösung belegen kannst, dass du ein echtes (Kunden-) Problem löst. Je stärker deine Lösung als „must-have"-Lösung wahrgenommen wird, desto interessanter findet die Jury deine Idee. Ideen, die eher als „nice-to-have"- Lösung registriert werden, können auch erfolgreich sein, wenn die Story dazu passt. In beiden Fällen ist der belegte Kundenwunsch für Investoren von großer Bedeutung.

Folgende Fragen helfen dir dabei herauszufinden, wie ausgeprägt der Kundenwunsch für deine Lösung bzw. dein Produkt ist:

> **Welchen Kundenwunsch kann mein Produkt, meine Lösung erfüllen?**
> 1. Welche Aufgabe helfe ich dem Kunden zu lösen?
> 2. Welche aktuellen Technologien/Lösungen/Hilfsmittel helfen dem Kunden, seine Aufgabe abzuschließen?
> 3. Welches Problem versucht dein Kunde zu lösen?
> 4. Warum ist die Lösung des Problems für deinen Kunden so wichtig?

Umsetzung der Idee – Feasibility

Bei der Frage nach der Umsetzung möchten Juroren nachvollziehen, ob und wie du die Idee mit deinen momentan vorhandenen Ressourcen auch tatsächlich umsetzen kannst. Hier geht es darum, konkrete Details wie z. B. dein Know-how zu belegen, Teammitglieder aufzuzählen, Pilotkunden zu nennen oder erfolgreiche Workflows zu zeigen.

Folgende Fragen helfen dir dabei herauszufinden, wie machbar bzw. wie umsetzbar deine Idee momentan ist:

> **Welche Aktivitäten müssen umgesetzt werden, um das Produkt bzw. die Lösung anzubieten?**
> 1. Sind alle Kompetenzen im Team vorhanden, um die Lösung anbieten zu können?
> 2. Was kann dein Startup mit den momentanen vorhandenen Ressourcen (Zeit, Geld, Team, etc.) erreichen?
> 3. Müssen neue Ressourcen aufgenommen oder hinzugekauft werden, um die Lösung anbieten zu können?
> 4. Welche technischen Hürden oder Meilensteine müssen noch erreicht werden, damit deine Idee funktioniert?

Rentabilität der Idee – Viability

Mit der Rentabilität meint man nicht ausschließlich den Gewinn oder den Profit deines Startups. Vielmehr möchten Juroren und vor allem Investoren verstehen, wie du dir deine finanzielle Basis vorstellst. An dieser Stelle sollten die Zahnräder deines Business-Modells ineinandergreifen, damit den Juroren klar wird, wie du aus deiner Idee ein echtes und ökonomisch nachhaltiges Business aufbauen kannst.

Folgende Fragen helfen dir dabei herauszufinden, wie rentabel deine Idee momentan ist:

> **Welche wirtschaftlichen Überlegungen müssen bestätigt werden, damit mit dem Produkt, der Lösung Geld verdient werden kann?**
> 1. Passt dein Businessmodell für die Art von Kunden, die du ansprechen möchtest?
> 2. Ist die Art und Weise wie du dein Produkt/Dienstleistung aufbauen möchtest wirtschaftlich tragfähig?

> 3. Sind deine Abhängigkeiten von Zulieferern und Partnern in Zukunft auch profitabel?
> 4. Welchen Einfluss/Impact hat deine Lösung auf die Gesellschaft?

Skalierbarkeit der Idee – Scalability
Wenn du eine Idee oder Lösung hast, die einen Kundenwunsch bedient, von dir umgesetzt werden kann, und du mit dem Verkauf dieser Lösung noch genügend Geld verdienst, dann hast du schon bei vielen Wettbewerben und Investoren gute Karten in den Olymp der Sieger aufzusteigen.

Die „Champions League" erreichst du, wenn du dem anwesenden Publikum eindrucksvoll vermittelst, dass deine Lösung skalierbar ist. Mit skalierbar ist nicht nur die Erhöhung der Stückzahlproduktion gemeint, sondern das Potenzial deiner Lösung, in einem globalen Markt länderübergreifende Kundenbedürfnisse zu befriedigen. Das ist dann der Stoff, aus dem Gewinnergeschichten geschrieben werden.

Folgende Fragen helfen dir dabei herauszufinden, wie skalierbar deine Idee momentan ist:

> **Welche Voraussetzungen hat mein Produkt, meine Lösung, um zu skalieren?**
> 1. Sind deine Arbeitsabläufe (Workflows) dokumentiert und reproduzierbar?
> 2. Ist deine Lösung lokal/regional beschränkt (auf deinen Ort, Stadt, Land)?
> 3. Kennst du die erforderlichen Tools oder Kanäle, um deine Lösung bekannter zu machen ohne mehr Kosten zu verursachen?
> 4. Wie können Kunden von der Skalierung deiner Lösung profitieren?

Du solltest dich mit den vier Faktoren intensiv auseinandersetzen. Denn sie bilden die Basis für einen guten Pitch. Fehlt einer der vier Faktoren vollständig oder ist nur zum Teil vorhanden, wirst du in deinen Pitches viel Zeit dafür benötigen, die fehlenden Elemente durch Erklärungen zu ergänzen. Das hinterlässt bei Juroren immer ein ungutes Gefühl, meist in Sätzen ausgedrückt wie: „Irgendwie passt das nicht zusammen", „Das Team ist zwar gut, aber ich glaube nicht dran, dass sie es umsetzen können", „Der Markt ist zu klein", usw.

Hast du deine Idee mithilfe der Fragen reflektiert, kann es auch schon weitergehen. Lass uns nun mit der Analyse der Rahmenbedingungen des Pitching-Events weitermachen.

1.3 Rahmenbedingungen verraten viel über das Pitching-Event

Für eine erfolgreiche Teilnahme an einem Pitching-Event solltest du die Rahmenbedingungen genau im Blick haben. Dementsprechend unterscheiden sich auch die Anforderungen, die an dich gestellt werden. Anforderungen sind z. B. die Besetzung der Juroren, politische und wirtschaftliche Entscheidungsmechanismen, sowie formale Bewerbungskriterien.

Wer bewertet eigentlich deine Geschäftsidee?
Um bei einem Pitching-Event gut abzuschneiden, benötigst du möglichst genaue Kenntnisse zu den Entscheidern. Handelt es sich um Expertinnen und Experten auf deinem Fachgebiet, die du mit fachlichen Argumenten begeistern kannst? Oder vertreten die Entscheider eine öffentliche Institution (z. B. eine Universität, Stiftung oder ein staatliches Förderprogramm), die unterschiedliche Projektideen fördert? Auch wenn du die Besetzung der Jury in Erfahrung bringen konntest, solltest du deinen Pitch dennoch einfach und verständlich aufbauen und dein Wissen zu den Juroren subtil einflechten. Deine Aufgabe besteht daher, jeden Juror und Jurorin mit deinem Pitch-Deck abzuholen, unabhängig von der thematischen Vorerfahrung dieser Personen.

Beantworte die folgenden drei Fragen hierzu möglichst kurz in schriftlicher Form:

> **Welche Informationen liegen zur Jury vor?**
> 1. In welcher Branche sind die Entscheider/Juroren tätig?
> 2. Welche Ziele verfolgen die Entscheider/Juroren mit einer Investition/ Preisvergabe? (Deine Annahme)
> 3. Wen haben die Entscheider/Juroren in der Vergangenheit gefördert? Wer waren die Preisträger der letzten Jahre?

Wer entscheidet eigentlich über die Fördersumme bzw. das Preisgeld?
Nicht immer ist es nur die Jury, die über den Gewinn des Pitching-Events entscheidet. Berücksichtige im Bereich ‚Analyze' aus diesem Grund alle möglichen Entscheidungsträger. Dies gilt beispielsweise für zusätzliche Gutachter*innen, „prominente Personen", politische- oder wirtschaftliche Entscheidungsträger.

> Je mehr Juroren und Entscheider am Event beteiligt sind, desto wichtiger ist eine umfassende Vorbereitung. Mit dem sogenannten **Juryscreen**, lässt sich vorab herausfinden, ob beispielsweise Fachexperten anwesend sind. Diese könnten Fachfragen haben, auf die du dich im Vorfeld gut vorbereiten kannst.

Am besten startest du den Juryscreen auf der Homepage des Pitching-Events. Dort findest du die meisten Informationen zum Event, aber auch zur Jury. Manchmal wird die Jury im Vorfeld benannt und veröffentlicht. Mache dir am besten vorab Notizen über die anwesenden Entscheidungsträger, wenn diese bekannt sind.

Dein nächster Schritt ist es, auf LinkedIn und in anderen sozialen Netzwerken nach den Namen der Personen zu suchen und relevante Informationen zu sichten. LinkedIn ist eine hervorragende Recherchequelle, um die Lebensläufe und Werdegänge der Juroren zu ermitteln. Es reicht, wenn du die groben Stationen und beruflichen Schwerpunkte der Juroren auf dem Schirm hast, bei denen du Anknüpfungspunkte siehst. Das kann dir z. B. bei einer Q&A-Session nützlich sein, um potenzielle Fragen zu antizipieren.

Als letzten und dritten Schritt empfehle ich dir die Vernetzung mit dem Gewinnerteam der letzten Pitching Veranstaltung. Wenn du dich traust, kannst du das Gewinnerteam kontaktieren und es zur Jury und zum Event interviewen. Meiner Erfahrung nach freuen sich die Gewinnerteams auf den Austausch. Probiere es also gleich mal aus und vernetze dich mit dem letzten Gewinnerteam!

Welche Bewerbungsunterlagen muss ich im Vorfeld bereithalten?
Bereits im Vorfeld eines Pitching-Events musst du häufig eine schriftliche Beschreibung deiner Idee oder deine Startups und der Verwendung des Preisgeldes anfertigen. Auf dieser Grundlage entscheiden die Verantwortlichen, wen sie zum Pitchen einladen. Die Formate für die Bewerbungsunterlagen sind hierbei durchaus unterschiedlich. Auf folgende Bereiche kannst du dich einstellen:

- Einzelne Fragen mit Freizeilen
- Fragebögen zum Ankreuzen
- Kreative Schreibaufgaben
- Eigene Projektplanung
- Allgemeine Projektbeschreibung

Was genau von dir gefordert wird, hängt wiederum von der Art des Events ab. Auch eine direkte Verbindung aus schriftlichem Antrag und vorgetragenem Pitch ist möglich, wobei beide Bereiche einbezogen werden.

1.4 Feinschliff deiner Bewerbungsunterlagen

Jeder Wettbewerb basiert auf einem anderen Format und unterschiedlichen Schwerpunkten, weshalb du vorab auf inhaltliche Vorgaben und Besonderheiten achten solltest. Die Vorgaben findest du in den Teilnahmebedingungen der Veranstalter bzw. des Wettbewerbs.

Die meisten Veranstalter haben die Teilnahmebedingungen veröffentlicht. Der große Unterschied kann aber darin bestehen, dass einige Veranstalter wenig Vorgaben machen und zum Beispiel bei den Bewertungskriterien sehr vage bleiben.

Ich habe deshalb einige Anforderungen aus unterschiedlichen Teilnahmebedingungen zusammengetragen und in der Analyze-Checkliste verarbeitet, damit du ein Gefühl erhältst, was Veranstalter zwischen den Zeilen eigentlich sagen möchten.

In den nächsten Absätzen gehe ich auf die inhaltlichen Anforderungen ein, die Veranstalter an die Teilnehmer richten. Die inhaltlichen Anforderungen sind daher ein entscheidender Teil im Bereich Analyze, um den Pitch bestmöglich an den Wettbewerb anzupassen.

Welche Fristen und Deadlines müssen eingehalten werden?

Viele Events beinhalten einen schriftlichen und einen mündlichen Teil. Auch die Bewerbung für das Pitching-Event stellt bereits einen Teilschritt dar, der in die eigene Zeitplanung aufgenommen werden sollte. Plane daher vorab, welche Fristen für den Pitch von Bedeutung sind und bis wann bestimmte Präsentationen und Einreichungen erfolgen müssen.

Ebenfalls hilfreich: auch wenn die Frist zur Einreichung noch ein paar Wochen entfernt liegt, solltest du die Zeit nicht einfach verstreichen lassen. Du kannst wichtige Aufgaben priorisieren und langsam abarbeiten.

Folgende Fagen helfen dir dabei, dein Zeitmanagement zu strukturieren:

- Bis zu welchem Datum müssen die schriftlichen Bewerbungsunterlagen eingereicht werden?
- Bis zu welchem Datum muss das Pitch-Deck eingereicht werden? Zum Zeitpunkt der schriftlichen Einreichung oder kurz vor dem Pitch-Event?
- An welchem Datum findet das Pitch-Event statt?
- Falls es eine Vorauswahl gibt: Wann erhält man vom Veranstalter eine Rückmeldung, ob man eine Runde weiter ist?

Für die Erstellung der vollständigen Bewerbungsunterlagen solltest du dir etwa zwei Tage Zeit nehmen. Lese deine Bewerbung vor der Einreichung noch einmal gründlich durch und nimm, wenn nötig, Verbesserungen vor. Für das Pitch-Deck solltest du vier Tage einplanen: einen Tag für die Konzeption, einen Tag für das Erstellen der Slides, einen Tag zum Üben der Präsentation und einen Tag für die Generalprobe vor Freunden oder Verwandten.

Manche Veranstalter verzichten auf schriftliche Bewerbungsmaterialien und fordern stattdessen ein kurzes, ein- bis dreiminütiges Bewerbungsvideo. In diesem Fall achte darauf, dass du genügend Zeit für die Aufnahmen und Nachbearbeitung des Videos einplanst.

Wie viel Zeit steht für den Pitch zur Verfügung?
Genauso wichtig wie die Deadlines ist die Präsentationszeit während des Events. Je nach Umfang der Ausführungen hast du nur wenig Zeit, die Jury von deiner Businessidee zu überzeugen (z. B. Elevator-Pitch nur etwa drei Minuten). Auch wenn freies Sprechen gut ankommt, solltest du deinen Pitch möglichst genau einteilen.

Eine fehlende Einteilung birgt das Risiko, dass wichtige Informationen und Details, die für eine Förderentscheidung relevant sind, vergessen werden. Ist beispielsweise ein Redebeitrag für zehn Minuten vorgesehen, solltest du eine spannende Einleitung wählen, anschließend wichtige Fakten nennen und erst dann mit der Vertiefung beginnen. So bereitest du dich optimal auf mögliche Fragen vor, die anschließend außerhalb der Zeitfrist gestellt werden können.

Aus Erfahrung empfehle ich dir daher, den exakten Zeitrahmen und den inhaltlichen Schwerpunkt des Wettbewerbes vorab zu notieren, damit du ihn immer vor Augen hast. Diese erste Gliederung bauen wir ergänzend zu den nachfolgenden Fragen Schritt für Schritt aus.

Gibt es spezielle Anforderungen an die Form oder Struktur des Pitch-Decks?
Einige Veranstalter empfehlen auf ihren Websites oder in den Teilnahmebedingungen eine Struktur oder Gliederung, wie der Pitch aufgebaut werden sollte. Nicht immer sind die Strukturvorschläge zu

empfehlen, weil einige Begrifflichkeiten seitens der Veranstalter nicht klar definiert werden.

Dennoch solltest du überprüfen, inwieweit du dich an der empfohlenen Struktur des Veranstalters orientieren kannst. Manche nutzen zum Beispiel standardisierte Bewertungstemplates für ihre Juroren, die sich an der empfohlenen Struktur orientiert.

Auch wenn die Gliederungsempfehlung deine eigene Struktur verändert, solltest du dich an die Empfehlung des Veranstalters halten. Selbstverständlich kannst du auch aus der Masse herausstechen, wenn dein Pitch eine andere Gliederung hat – dann sollte dir aber klar sein, dass unter Umständen Juroren Schwierigkeiten haben, deinen Pitch zu bewerten. Das kann daran liegen, dass du nicht die gleichen Wörter benutzt, auf die die Jury während deines Pitches achtet.

1.5 Deine Gliederung als roter Faden

Die nachfolgenden Gliederungspunkte zeigen einen beispielhaften Strukturvorschlag, wie dein Pitch-Deck aufgebaut werden kann. Viele Teilnahmebedingungen geben eine ähnliche Form vor, ggf. mit unterschiedlichen Schwerpunkten, die teilweise etwas anders bezeichnet werden.

Im Produce-Teil dieses Workbooks werde ich mit dir die einzelnen Themen besprechen und dir Folien bzw. Slides zu den einzelnen Themengebieten zeigen. Bei der nachfolgenden Übersicht geht es im Analyseabschnitt erst einmal um das grundlegende Verständnis, wie eine Gliederung vom Veranstalter aussehen kann.

Du kannst dir mithilfe dieser Übersicht einen Überblick verschaffen, welche Themen in einem Pitch-Deck vorkommen:

- emotionaler Einstieg
- Vorstellung deiner Person und/oder des Teams
- Darlegung des Problems
- Ausführung deiner Lösung
- Vermarktung als Geschäftsmodell
- Details zu deiner Forschung

- Nennung der Alleinstellungsmerkmale
- Beschreibung der Marktsituation inklusive Wettbewerbssituation
- Beschreibung der Go-To-Market Strategie
- Ausblick und Vision deines Unternehmens

Da jeder Pitch unterschiedlich abläuft und sich meist schon vorab an den konkreten Teilnahmebedingungen orientiert, solltest du diese allgemeinen Punkte ergänzen oder überarbeiten. Schau dir die Anforderungen des Wettbewerbes zur Struktur des Pitch-Decks noch einmal ausführlich an und überlege, welche Aspekte du bei deiner Ausarbeitung berücksichtigen möchtest.

Falls dir in den Teilnahmebedingungen zum Event freiwillige Ergänzungen und mehr Platz für Details zu deiner Geschäftsidee angeboten werden, nimm diese auf jeden Fall wahr. Dies steigert deine Chance, den nötigen Ehrgeiz unter Beweis zu stellen und die Erwartungen der Jury zu erfüllen.

Welche Fördermotive gilt es zu beachten?
Durch die genaueren Recherchen zum Wettbewerb, hast du bereits Informationen zur Jury und den Entscheidungsträgern gesammelt. Blättere am besten noch einmal kurz zurück und sieh nach, welche Informationen du zur Jury herausgefunden hast. Dies hilft dir auch, die an dich gestellten Erwartungen im Detail zu erfüllen. Denn nicht nur Form und Struktur sind entscheidend, die Fördermotive des Wettbewerbs entscheiden auch über die Informationsvielfalt und Tiefe der präsentierten Fakten in deiner Präsentation.

Mach dir aus diesem Grund mit Stichpunkten ein paar zusätzliche Notizen, was die Jury von dir und deiner Idee erwarten könnte. Gehe hierzu, wenn möglich, exakt auf die Entscheider*innen ein, um während der Präsentation fachlich zu überzeugen.

Manchmal findet sich ein Hinweis auf die Fördermotive direkt beim Gliederungsvorschlag des Veranstalters. Häufig wird eine Slide erwartet, auf der du erklären sollst, für was du das Preisgeld nutzen möchtest. Wenn du z. B. an einem Wettbewerb teilnimmst, bei dem man einen ökologischen Nachhaltigkeitspreis bekommt, dann solltest du auch das Preisgeld für etwas nachhaltiges in deinem Unternehmen ausgeben.

Die Bestellung eines neuen Dienstwagens mit Verbrennungsmotor wäre an dieser Stelle eher unangebracht. Prinzipiell geht es darum, dass du immer vor Augen hast, für was und welchen Wettbewerb du dich beworben hast. Alles andere wäre unauthentisch und schadet dir und deinem Ruf als Startup. Überlege dir also: Welche Erwartungen könnten die Entscheider*innen an deinen Pitch haben?

Mit welchem Medium soll der Pitch vorbereitet werden?
Viele Pitching-Events sind mittlerweile digital und nutzen Programme wie PowerPoint, Keynote, Prezi, Canva oder Google-Slides für das Präsentieren des Pitch-Decks. Einfache Vorträge ohne Visualisierung sind selten geworden, weshalb du auch optisch mit einer guten Präsentation punkten kannst. Achte hierbei darauf, dass viele Animationen und aufwendige Details nicht immer förderlich sind.

Der technische Umgang mit den Präsentationsprogrammen solltest du beherrschen und sicher nutzen können. Am wichtigsten ist, dass du das richtige Format wählst und die Funktionalität deiner Präsentation im Vorhinein überprüfst. Für den Auftritt vor der Jury gibt es, wie zuvor erwähnt, keine zweite Chance für den ersten Eindruck, weshalb du den Umgang mit den Präsentationsprogrammen souverän beherschen solltest. Nutze Programme für den Pitch, die du sicher beherrscht. Optimiere deine technischen Präsentatiosfähigkeiten, wenn nötig, mit How-To Videos auf Youtube, die dir den Umgang mit den jeweiligen Programmen erklären.

Findet der Pitch live oder digital statt?
Seit der Coronapandemie werden viele Präsentationen und Pitching-Events hybrid durchgeführt. Für dich muss das kein Nachteil sein, wenn du an dem Event digital teilnimmst, da es dir den Druck der freien Präsentation vor anderen Menschen nehmen kann. Wer hingegen gern vor Publikum spricht, selbstbewusst auftritt und seine Ideen strukturiert aufbereitet, wird mit einer Liveübertragung vielleicht sogar besser umgehen können. Im Perform-Teil dieses Workbooks werde ich dir einige Übungen zeigen, wie du die nötige Selbstsicherheit gewinnst, das gesamte Publikum von dir und deiner Idee zu überzeugen.

Anhand des durchgeführten Formats solltest du auch den Fokus deiner Vorbereitung anders legen. Während des digitalen Events wirken deine Medienkompetenz und die Fachkenntnis stärker als die kommunikative Stärke. Findet dein Vortrag vor Ort statt, sind hingegen Eigenschaften wie Selbstsicherheit und das freie Präsentieren sehr relevant. Passe die Art der Vorbereitung aus diesem Grund entsprechend (dem Pitching-Event) an.

1.6 Die richtige Story zum passenden Wettbewerb

Einige angehende junge Gründer*innen unterschätzen die Macht und Wirkung von guten Geschichten. Im Produce- und Perform-Teil des APP-Pitch Program© werde ich dir noch zeigen, wie du eine gute Story zu deinem Pitch-Deck aufbaust.

Hier im Analyze-Teil geht es darum, die Grundpfeiler einer guten Story anhand der Teilnahme- und Rahmenbedingungen aufzubauen. Im Grunde nutzt du jetzt das Wissen der vorangegangenen Kapitel, um dir Gedanken zu machen, wie du deine „Storyline" am besten aufbaust.

Damit dein Pitch-Deck vor der Jury überzeugt, benötigst du eine kreative und vor allem interessante Storyline. Mit Storyline meine ich nicht die frei erfundenen und actionreich erzählten Geschichten, die wir aus der Film- und Fernsehwelt kennen, sondern eher die Art und Weise, wie Informationen dramaturgisch in einen Zusammenhang gesetzt werden. Damit sich die Zuhörer*innen die Informationen deines Pitch-Decks besser merken können, nutzt du die Dramaturgie, um deine Präsentation mit einem Spannungsbogen zu erzählen.

Die Kunst des Storytellings stammt aus dem Marketingbereich (Hall, 2019; Biesenbach, 2018; Collins, 2019) und wurde schon mehrfach erfolgreich angewandt. Auf den nächsten Seiten analysieren wir einige grundlegende Fragen zum Thema Storytelling.

> **Tipp** Du kannst die Storytelling-Technik auch für die (Poster-)Präsentation deiner Forschungsergebnisse auf Konferenzen benutzen. Mit dem Storytelling stichst du aus der Masse heraus und erzeugst dadurch mehr Aufmerksamkeit für deine Forschungsergebnisse.

Liegt bereits eine Storyline zu deinem Produkt oder deiner Dienstleistung vor?
In vielen Fällen schreibt sich die Story zu deiner Forschung oder deinem neuen Produkt ganz von allein. So kannst du beispielsweise erzählen, wie du auf die Idee rund um dein neues Unternehmen gekommen bist und welcher wissenschaftliche Hintergrund vorliegt oder welche Probleme du konkret lösen möchtest. Das Storytelling ist an dieser Stelle ein guter Ansatz für zusätzliche Sympathiepunkte bei den anwesenden Entscheidungsträgern. Beantworte zunächst die folgenden drei Fragen auf deinem Notizzettel:

1. Was für ein Problem möchtest du lösen?
2. Wie löst du das Problem?
3. Warum möchtest du gerade jetzt (aus)gründen?

Frage Nummer eins zielt darauf ab, dem Publikum klarzumachen, welches Problem du identifiziert hast. Wie bist du auf das Problem aufmerksam geworden? War es Teil deiner wissenschaftlichen Arbeit und Fragestellung? Hast du das Problem zufällig erkannt? Hier geht es um den Ursprung und Entstehungszeitpunkt deiner Erkenntnis, wie du das Problem identifiziert hast. Du kannst dem Publikum vermitteln, wie du bei der Analyse des Problems vorgegangen bist und welche Erkenntnisse du daraus gezogen hast.

Bei Frage Nummer zwei nimmst du das Publikum mit zu deiner wissenschaftlichen Arbeit. Wie lief der Findungsprozess, um das vorgestellte Problem zu lösen? Hast du die Lösung entwickelt oder erfunden? Bist du analytisch und strukturiert vorgegangen? Welche Methoden und Technologien hast du genutzt, um einen ersten Prototypen zu bauen? Nimm das Publikum mit und erzähle, wie du Tage und

Nächte damit verbracht hast, über ein Produkt oder Service nachzudenken, welches das identifizierte Problem löst.

Die Antwort auf Frage Nummer drei verdeutlicht dem Publikum und den Entscheidungsträgern deine Motivation. Warum möchtest du jetzt gründen? Warum nicht in der Wissenschaft bleiben? Hast du besondere Erkenntnisse, warum eine Gründung jetzt sinnvoll ist? Die Beantwortung der Fragen machen dich sympathisch und vermitteln ein persönliches Bild von dir. Natürlich kannst du durch die Antworten smart wirken, weil du vielleicht eine echte Marktlücke erkannt hast und die Zeit jetzt reif ist.

> **Tipp** Entscheide dich für die Frage, zu der du neben den Inhalten die meisten Ideen hast. Um deinen Einstieg packend zu gestalten, musst du selbst für das Thema brennen. Nur wer selbst von der eigenen Idee überzeugt ist, kann andere im Gespräch davon überzeugen.

Passt die Storyline inhaltlich zum Wettbewerb?
Jeder Wettbewerb hat ein bestimmtes „Motto" oder eine Ausrichtung. Nicht immer ist es bereits vorab klar definiert, doch in den meisten Fällen wird die Ausrichtung an den Auswahlkriterien deutlich. In der Regel versucht der Veranstalter das Motto in den Teilnahmebedingungen oder auf der eigenen Website zu beschreiben. Im Abschnitt zu den Fördermotiven haben wir dieses Thema bereits kurz skizziert. Jetzt geht es aber darum, die inhaltliche Story des Pitch-Decks am Wettbewerb auszurichten

Denn es gibt Wettbewerbe, die sich eher an bestimmte Branchen richten oder Querschnittsthemen wie Nachhaltigkeit, Digitalisierung oder Automatisierung adressieren. Es gibt aber auch Wettbewerbe, die sich an eine bestimmte (Gründungs-)Phase (z. B. Vorgründungsphase) richten.

Die Story sollte möglichst genau zur Thematik und den Fördermotiven des Wettbewerbs passen. Du kannst dir das ganz praktisch vorstellen: Stell dir vor, ein*e Reporter*in ist während des Wettbewerbs anwesend. Was würde diese Person über dich und den Wettbewerb schreiben? Wie passt deine Idee in den Rahmen des Wettbewerbs?

Bezieht sich der Wettbewerb beispielsweise auf Aspekte wie „Unser Beitrag für die Zukunft" oder „Technik als Schlüssel zur Lösung", kannst du mit einem problemorientierten Einstieg punkten. Geht es hingegen um potenzielle Gründer*innen und somit um deine Person, überzeugst du mit persönlichen Geschichten und Erfahrungen. Schreibe daher auf, unter welchem Motto dein nächstes Pitching-Event steht.

Sind emotionalisierende Details in deiner Story notwendig?
Egal für welche Art der Story du dich entscheidest: Um der Jury auch nach einem Tag mit mehr als 50 Bewerbern und Pitches in Erinnerung zu bleiben, sind Emotionen das beste Mittel. Emotionen transportieren Inhalte nicht auf faktischer Ebene, sondern schaffen dank persönlicher Details und Erfahrungen einen unverkennbaren Wiedererkennungswert.

Die Kunst ist es daher, Emotionen in deinen Vortrag einzuarbeiten, ohne dass der Inhalt zu stark aus dem Blickfeld gerät. Sprich hierzu beispielsweise offen über die Motive deines neuen Projekts. Das Publikum ist immer daran interessiert, warum du jetzt gründen oder warum du gerade dieses Problem lösen möchtest. Solltest du schon seit vielen Jahren wissenschaftlich aktiv sein oder eine bestimmte Mission verfolgen, kannst du mit derartigen Ausführungen deine Story glaubhafter gestalten.

Manche/r Wissenschaftler*in wird vielleicht anmerken, dass Emotionen bei einem Vortrag nichts zu suchen haben. Das mag bei der Vorstellung von wissenschaftlichen Ergebnissen auf Konferenzen oder einer Posterpräsentation vielleicht richtig sein. In der Startup-Welt leben und arbeiten die unterschiedlichsten Menschen mit verschiedenen beruflichen Hintergründen. Manchmal wird sogar eine Investmententscheidung vom Investor aus „dem Bauch heraus" entschieden.

Deshalb ist es umso wichtiger, dass du verstehst, dass Emotionen eine Art Werkzeug sind, um beim Adressaten in Erinnerung zu bleiben. Je besser du Emotionen in deiner Präsentation gezielt einsetzen kannst, desto erfolgreicher wirst du deinen Zuhörer*innen in Erinnerung bleiben.

Erfüllt meine Story die Kriterien einer guten Geschichte?
Anders als im Deutschunterricht oder an der Universität kommt es beim Pitching-Event nur auf **den einen Moment** an. In diesem sollte deine Geschichte zum Nachdenken anregen und deine Person sich positiv in den Erinnerungen der Jury und der Zuhörer*innen verankern. Doch erfüllt deine Story die Kriterien einer guten Geschichte und bietet sie mehr als die Pitches anderer Teilnehmer?

So bewertest du die Qualität deiner Storyline

Damit du die Kriterien einer guten Geschichte auch auf deine Storyline anwenden kannst, habe ich ein kleines Bewertungssystem für dich entwickelt. Es basiert auf den klassischen Schulnoten 1 bis 6.

- 1 steht für „perfekte Umsetzung"
- 2 steht für „gute Umsetzung"
- 3 steht für „auf einem guten Weg"
- 4 steht für „ausbaufähig"
- 5 steht für „kaum vorhanden"
- 6 steht für „fehlt".

Untersuche die folgenden Fragen für eine gute Storyline mit dem Bewertungssystem, um die Qualität deiner Geschichte selbstkritisch und detailliert unter die Lupe zu nehmen. Frage dich deshalb:

- Was ist der Grund für deinen Pitch (Why)?
- Wer ist die Hauptfigur in deiner Geschichte? Du selbst, dein Team oder dein Startup?
- Welches Problem/Konflikt/Herausforderung soll von der Hauptfigur gelöst werden?
- Wie wird die Herausforderung gelöst?
- Welche Botschaft soll deine Geschichte transportieren?
- Werden Emotionen durch deine Geschichte geweckt? Wenn ja, welche?
- Ist die Geschichte glaubwürdig?
- Stützen genügend Belege, Fakten und Informationen die Aussagen deiner Story?

Welche Details will die Jury von dir hören?
Bei den meisten Pitching-Events hat die Jury eine konkrete Vorstellung von dem, was die Kandidaten präsentieren sollen. Umso angenehmer ist es, nicht reihenweise identische Vorträge hören zu müssen, sondern spannende Geschichten. Durch die Recherchen zu den Mitgliedern der Jury weißt du möglicherweise bereits, wer dir gegenübersitzt und zeigst durch die Erwähnung von biografischen Informationen der Juroren, dass du dich hervorragend auf das Event vorbereitet hast.

Hast du eine fachfremde Jury vor dir, geht es vor allem um Logik, deine Präsentation und eine anschauliche Darstellung. Verfügen die Juroren hingegen bereits über Fachwissen, helfen dir gut verpackte, aber einfache Fakten nicht weiter. In diesem Fall kommt es auf eine Verbindung deiner Story zu fachlich komplexen Sachverhalten an, mit denen du dich als Experte positionierst.

1.7 Analyze!-Fazit

Um auf das Zitat von Lincoln zurückzukommen: Wir haben nun unser Werkzeug geschärft. Der Analyze-Teil dient für dich als Vorbereitung für die weiteren Teile Produce und Perform. Denn eine gute Vorbereitung ist das A und O für jeden Pitch.

Mit dem APP-Pitch Program© erhältst du eine Methode, wie man sich auf Businessplan-, Gründer-, Pitching- und sonstige Wettbewerbe vorbereitet. Mit jedem Event wirst du besser und routinierter mit der Methode. Das gibt dir das Gefühl von Sicherheit, die die Jury auch merken wird. Abb. 1.2 verdeutlicht, dass du mit dem Analyze-Teil bereits einen Großteil der Vorarbeiten erledigt hast.

Jeder weitere Schritt geht schneller und kostet dich weniger Zeit. Wenn du die Methode verinnerlicht hast, kannst du das Schema auf viele weitere Situationen übertragen, wie z. B. auf Investorengespräche oder auf spätere Kundenpräsentation. Sobald du mit Investoren sprichst, geht es um bares Geld. Deshalb ist auch das Pitch-Deck und die damit verbundene Präsentation so immens wichtig. Lege deshalb besonders viel Wert auf den Analyze-Teil und versuche so viele Informationen wie möglich zu sammeln, damit du die richtigen

1 Analyze! – Ein guter Pitch beginnt mit einer gründlichen …

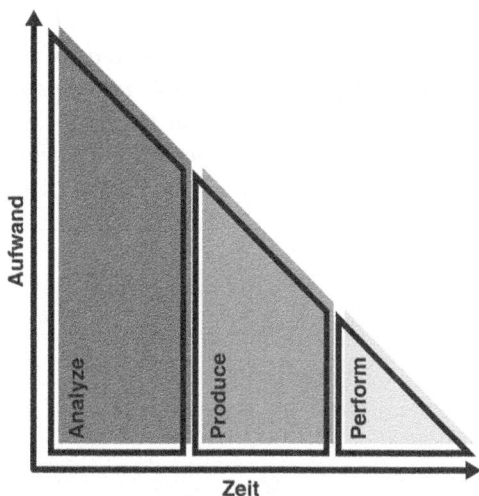

Abb. 1.2 Zeitaufwand für die Erstellung eines Pitch-Decks

Inhalte (Produce) gut vermittelst (Perform). Auch wenn es vielleicht anstrengend erscheinen mag, jedes Event oder Investorengespräch mit der APP-Methode zu durchleuchten – es wird sich auf jeden Fall für dich lohnen! Du wirst selbstbewusster, glaubwürdiger und souveräner wirken.

Im nächsten Kapitel werde ich dir nun zeigen, wie man die analysierten Informationen und Daten in einen guten Pitch überführt. Begleitet werden die Erklärungen durch praxisorientierte Beispiele.

Literatur

Biesenbach, R. (2018). *Unleash the power of storytelling: Win hearts, change minds, get results*. Eastlawn Media.
Collins, W. (2019). *The science of storytelling: Why stories make us human, and how to tell them better*. HarperCollins.
Do, C. (2019). What is you reason fo being? (Ikigai) Youtube-channel: The Futur. https://www.youtube.com/watch?v=G2SqqjRn_c0&t=431s. Zugegriffen: 11. März 2023.

Hall, K. (2019). *Stories that stick: How storytelling can captivate customers, influence audiences, and transform your business*. HarperCollins Leadership.

Kudo, A. (2018). *My little ikigai journal: A journey into the japanese secret to living a long, happy, purpose-filled life*. St Martin's Press.

Ternés, A., & Reiber, J. (2019). *Gründen mit Erfolg. Das eigene Startup Unternehmen*. Springer Fachmedien.

2

Produce! – Das Pitch-Deck zum Herzstück deines Vortrages machen

Nachdem du im Analyze-Teil alle wichtigen Informationen ermittelt und dich über die zentralen Anforderungen für das Pitching-Event informiert hast, kannst du dich nun dem „Produce-Teil" widmen. In diesem Kapitel setzt du die vielen bisher gesammelten Ideen zu einem starken Konzept zusammen, mit dem du die Jury anschließend visuell, aber auch inhaltlich begeisterst.

Bevor wir gleich tief in die Materie einsteigen, möchte ich dich auf einen kleinen, aber feinen Unterschied hinweisen: Wenn ich ein Gründerteam das erste Mal kennenlerne, dann frage ich gleich zu Beginn, ob Sie mir ihre Gründungsidee mit einem Pitch-Deck vorstellen können.

Das wird dann auch gemacht, leider lesen mir die Gründer*innen in vielen Fällen die Folien emotionslos ab. Selbstverständlich ist das Setting bei mir nicht das gleiche wie bei einem Wettbewerb, dennoch merke ich bei der Vorstellung, dass viele Gründerteams keine Geschichte (Story) zu ihrem Pitch-Deck erzählen und die Präsentation sehr sachlich wiedergegeben wird. Und diese beiden Komponenten sind natürlich ziemlich ungünstig für einen Wettbewerbspitch!

2.1 Das Dreieck der Rhetorik

Es wird dich wenig überraschen, aber bereits seit der Antike macht man sich Gedanken, wie man als Redner sein Publikum erreicht und von seinen Ansichten überzeugt. Das hatte einen guten Grund: Als sich die Demokratie entwickelte, hatten freie erwachsene Männer einer bestimmten Gesellschaft, Rede- und Stimmrechte in Volksversammlungen. Ohne eine gute Rede konnte man andere von seinen An- und Absichten nicht überzeugen.

Aristoteles (384 – 322 v.Chr.) war es dann, der die Erkenntnisse einer guten Rede in der Rhetorik (Aristoteles, 2019) festhielt. In seinen Augen war die Rhetorik eine „Technologie", die es dem Redner ermöglichte, sein Publikum zu „überzeugen". Aristoteles ging es aber nie darum, mit dieser „Technologie" Menschen zu überreden oder zu manipulieren (Wikipedia, 2021a, b, c).

Als Quintessenz seiner Beobachtungen ist das „Dreieck der Rhetorik" entstanden, das die Elemente „Ethos, Pathos und Logos" beschreibt. Die Technik von Aristoteles ist für die Gestaltung unseres Pitches sehr wichtig, weshalb wir nun näher drauf eingehen werden.

Damit du die „Technik" für deinen Vortrag gut nutzen kannst, erkläre ich dir kurz, wie man das Dreieck der Rhetorik für seinen Vortrag nutzt und was die Elemente Ethos, Pathos und Logos zu bedeuten haben.

1. **Ethos:** Ethos ist der Charakter bzw. die Glaubwürdigkeit des Sprechers/der Sprecherin. Auch für einen Pitch ist das immens wichtig. Schließlich möchten Juroren und Investoren sicher sein, dass du zuverlässig, vertrauenswürdig und erfahren auf deinem Gebiet bist.
2. **Pathos:** Pathos appelliert an Emotionen und Gefühle des Publikums und zieht es damit in die Erzählung hinein. Die Zuschauer*innen erleben die erzählten Situationen und Handlungen am eigenen Leib und können sich so mit dem Erzähler*in oder der Hauptfigur identifizieren.

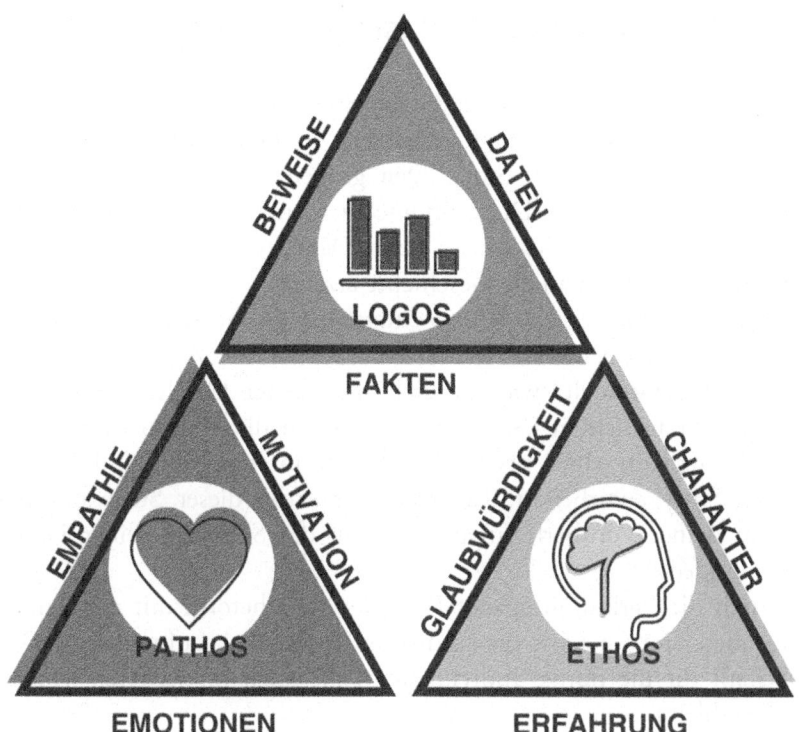

Abb. 2.1 Dreieck der Rhetorik

3. **Logos:** Am Ende sollte dein Pitch logisch aufgebaut sein und Beweise, Argumente und Fakten enthalten, die deine Aussagen während des Pitches bestätigen.

Ethos, Pathos und Logos sind deine Werkzeuge, die dir bei der Erstellung deines Pitch-Decks helfen, die Informationen die du mit deinem Publikum teilst, interessanter, glaubwürdiger und logischer zu gestalten (vgl. Abb. 2.1).

Dennoch würde dein Pitch nicht gut werden, wenn du nur das Dreieck der Rhetorik beachten würdest. Es braucht noch eine Dramaturgie für deine Pitch-Deck.

2.2 Die Storyline als Basis guter Pitches

Wir wissen bereits, dass eine Geschichte die drei Elemente Ethos, Pathos und Logos beinhalten sollte. Jetzt kommen wir zu der inhaltlichen Gestaltung deiner Story. Den groben Abriss einer Geschichte nennt man „Storyline". Die Storyline ist sozusagen der „Rote Faden", der sich durch deine Geschichte zieht. Das „Storytelling" ist dann die Art und Weise, wie man die Geschichte erzählt.

Deshalb gehört es zu deinen Aufgaben, die Storyline im Vorfeld umfassend vorzubereiten. Wir haben bereits im Analyze-Teil erste Gedanken gesammelt, wie du dich mit deiner Geschichte auf den Wettbewerb ausrichten kannst. Jetzt zeige ich dir, wie du deine Ideen bündelst und zu einer nachvollziehbaren, interessanten und inhaltsreichen Story ausarbeitest. Konkret geht es an dieser Stelle um den Ausbau deiner Vorüberlegungen und um das Schärfen deiner Unternehmensidee.

Durch die Verknüpfung des Dreiecks der Rhetorik mit einer überzeugenden Story machst du eindrucksvoll auf dich aufmerksam. Dies verschafft dir die nötige Individualität, die auch im weiteren Vortrag erhalten bleibt.

2.3 Mit Geschichten einen bleibenden Eindruck hinterlassen

Geschichten begleiten uns durch unser ganzes Leben. Egal ob als Kinder mit den Märchen der Gebrüder Grimm oder die Geschichte des Nachbarn, der jemanden kennt, der vom Tellerwäscher zum Bitcoin-Millionär wurde. Jeder von uns wird von Geschichten und Legenden umgeben, die immer wieder erzählt werden und uns in Erinnerung bleiben sollen. Hollywood und die Werbeindustrie haben das Storytelling perfektioniert und unterhalten uns mit immer wieder mit neuen Geschichten. Dennoch haben alle Geschichten eine Gemeinsamkeit: Sie besitzen einen dramaturgischen Aufbau, der uns bestens in Erinnerung bleibt (siehe Abb. 2.2).

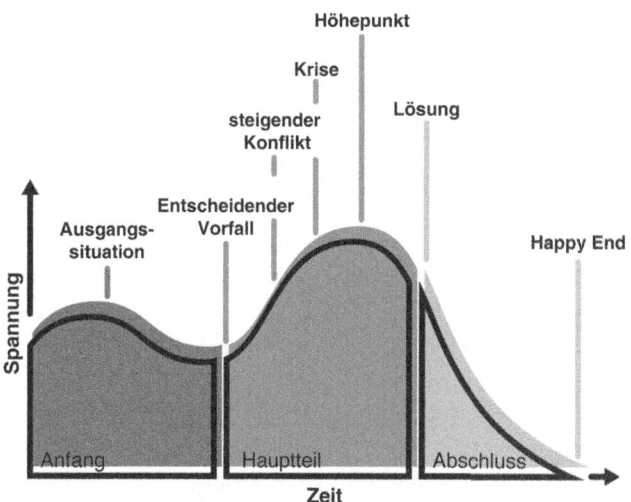

Abb. 2.2 Klassischer dramaturgischer Aufbau

Für die Gestaltung unseres Pitch-Decks ist dieses Konzept immens wichtig. Warum das so ist, erkläre ich dir jetzt.

Im ersten Akt (Anfang) wird die Situation, der Charakter bzw. Protagonist eingeführt und das Problem beschrieben. Für unseren Pitch bedeutet das, dass du dich dem Publikum vorstellst und erklärst, welches Problem du erkannt hast. Wie bist du auf das Problem aufmerksam geworden? Warum gerade du? – An dieser Stelle holst du das Publikum ab.

Im zweiten Akt (Hauptteil) der „Konfrontation" hast du dich mit dem Problem auseinandergesetzt und nach Lösungsmöglichkeiten gesucht. Höhepunkt dieses Aktes ist die Situation bzw. das Ereignis (= die Idee), wie du dein beschriebenes Problem lösen möchtest. Das Publikum interessiert dabei, wie du auf deine Idee gekommen bist.

Im letzten und dritten Akt (Abschluss) der „Auflösung" geht es darum, dass du aus den gewonnenen Erkenntnissen jetzt den Konflikt bzw. das Problem lösen kannst. Du beschreibst die Lösung und das damit verbundene Geschäftsmodell, dass dich nun dazu befähigt, die dringlichsten Probleme deiner Kunden zu lösen.

Vielleicht findest du beim Lesen, dass es etwas übertrieben ist, wenn man seine Story zum Pitch-Deck wie einen Blockbuster designt. Dennoch kann ich dir sagen, das ist genau das Geheimnis, von dem ich in der Einleitung gesprochen habe: Ohne Konflikte, schwere Rätsel oder Herausforderungen, kommt keine Spannung in deinen Pitch. Wenn keine Spannung vorhanden ist, dann kann dein Pitch als langweilig abgestempelt werden. An dieser Stelle geht es nicht darum, dass du dich für deinen Pitch verstellst oder Schauspielunterricht nimmst. Vielmehr möchte ich dazu inspirieren, deinen Pitch so aufzubauen, dass er von Grund auf in Erinnerung bleibt und das Publikum von dir und deiner Idee überzeugt wird.

> **Eine Geschichte als Alleinstellungsmerkmal**
>
> Lass uns einfach mal die Perspektive wechseln: Stell dir vor, du bist Juror*in und sitzt in der Jury für das kommende Pitching-Event. Was würdest du gerne von den Teilnehmern hören? Was interessiert dich? Worauf würdest du achten? Wie würdest du dich fühlen, wenn du schon 20 Pitches angehört hättest?Auch wenn die Bewertung deines Startups auf Basis der vier Faktoren (Kundenwunsch, Rentabilität, Umsetzbarkeit, Skalierbarkeit) vorgenommen wird, schafft eine interessante Erzählung den geeigneten Rahmen, um deine Idee in das Scheinwerferlicht der Beachtung zu stellen. Nur in dem Zusammenspiel aus Ethos, Pathos, Logos bleiben die vier Bewertungsfaktoren beim Adressaten auch nachhaltig in Erinnerung.

Ein dramaturgischer Aufbau vereinfacht den Inhalt, macht deine Gründungsmotivation nachvollziehbar und steigert das Interesse an deinem Startup. Menschen möchten unterhalten werden und Startup-Pitches gehören auch dazu.

Eine wirklich gute Story schafft es, in Erinnerung zu bleiben. Sie sollte persönlich und authentisch sein (Ethos) und auf wahren Begebenheiten beruhen (Logos). Konstruierte oder erfundene Geschichten können zwar auf kurze Sicht beeindruckend sein, sind jedoch nicht von Dauer. Überlege dir daher auch auf Basis deiner Ausarbeitungen im Bereich "Analyze", worauf du aufmerksam machen möchtest. Fasse die zentralen Erkenntnisse unter den drei Komponenten einer Geschichte in Stichpunkten zusammen

Ethos (Welche Elemente belegen meine Glaubwürdigkeit?)	Pathos (Welche Elemente sprechen Emotionen an?)	Logos (Welche Elemente beweisen deine Aussagen?)
z. B. Erfahrung, Ausbildung, Referenzen, etc.	z. B. Beschreibung von Gefühlen, Sinneseindrücken, Methaphern und Analogien	z. B. Zahlen, Daten, Fakten und Belege zu Aussagen die gemacht wurden ... ...

Nachdem du Komponenten deiner Geschichte näher definiert hast, designe jetzt den roten Faden. Was passiert in deiner Geschichte?

Erster Akt Setup/Einführung	Zweiter Akt Konfrontation	Dritter Akt Auflösung
z. B. Lange Jahre alleine an einem spezifischen Thema geforscht. Keiner hat an mich geglaubt	z. B. Zeitdruck; Problem musste zu einer bestimmten Uhrzeit gelöst werden. Im Labor ist dadurch ein Fehler aufgetreten	z. B. stellte sich der „Fehler" als zufällige Entdeckung heraus, die das Problem endlich löste ... ...

2.4 Aber Wissenschaftler*innen erzählen doch keine Geschichten!?

Viele Wissenschaftler*innen fragen sich bei der Vorbereitung auf ein Pitching-Event, warum sie die sachlichen Inhalte in eine Geschichte verpacken sollen. Diese Frage begegnet mir immer wieder bei der Zusammenarbeit mit Science-Tech-Teams.

Aber die Vorteile liegen auf der Hand: Bei fachlich offenen und nicht zu sehr spezifizierten Anforderungen des Pitches, steigern persönliche

Details deine Wirkung bei den Juroren. Verstehe das Storytelling eher als Aufforderung, deine Ausarbeitungen möglichst einfach, plastisch und anschaulich darzustellen, damit sich wirklich jeder etwas unter deinem Startup vorstellen kann.

> **Wichtig**
>
> Ich höre immer wieder folgende Aussagen:
>
> - „Eine Geschichte lenkt das Publikum vom Wesentlichen ab!"
> - „Sollte nicht die fachliche Expertise im Vordergrund stehen?"
> - „Ich brauche Fachbegriffe, sonst kann ich meine Idee nicht erklären!"
>
> Klare Antwort auf alle Fragen: Nein!

Eine Geschichte transportiert deine Informationen auf eine unterhaltsame Art und Weise zum Publikum, die in Erinnerung bleibt. Auch wenn sich viele im Publikum nicht an die Details und Fakten erinnern werden, wird es die Geschichte wahrscheinlich umso mehr!

Investoren und Geldgeber suchen im Allgemeinen nach heterogenen Teams, denen sie auch die wirtschaftliche Umsetzung zutrauen. Versuche deshalb nicht zu sehr deine Expertise in den Vordergrund zu stellen, sondern deine unternehmerische Seite stärker zu betonen. Damit meine ich nicht, dass du deine Expertise unter den Teppich kehren sollst, sondern nur deine Wortwahl gegenüber Nicht-Experten anpasst.

Deshalb ist das Storytelling so eine wichtige Komponente bei deinem Pitch. Wenn dir bereits viele Ideen während des Lesens für die Gestaltung deiner Storyline eingefallen sind, dann lass uns diese Motivation aufgreifen und weitermachen.

> **Übersicht**
>
> Falls dir die passende Geschichte bisher nicht wirklich einfallen mag, beantworte die folgenden Fragen in Kürze. Sie können deine Gedanken in die richtige Richtung lenken.
>
> - Warum melde ich mich bei diesem Event an? (Motivation)
> - Wen möchte ich mit meiner Idee überzeugen? (Adressaten)

- Welche Hürden haben sich mir bisher in den Weg gestellt? (Herausforderungen)
- Wie bin ich mit den Herausforderungen umgegangen? (Lösung)

2.5 Werde Architekt*in eines wirkungsvollen Pitches

Um eine strukturierte und gleichzeitig eingängige Storyline zu erstellen, solltest du die drei dramaturgischen Akte beachten, das ich dir im vorangegangenen Kapitel vorgestellt habe. Dieses Modell kann dir dabei behilflich sein, deine Absichten und Ziele besser auf den Punkt zu bringen und gleichzeitig überzeugender zu wirken. Die folgenden fünf Schritte helfen dir dabei, deinen roten Faden zu gestalten. Nutze die Stichpunkte aus Tab. 2: „Setup/Einführung, Konfrontation, Auflösung" im Abschn. 2.4 „Was ist eine gute Story?", um eine gute Geschichte zu designen.

1. Schritt 1: Wähle eine Hauptfigur für deine Geschichte. In der Regel bist du es selbst oder dein Team. Du kannst auch dein Startup wählen, bedenke aber dabei, dass ein Startup keine echten „Gefühle" hat und es deutlich schwieriger wird, Emotionen darzustellen. Denn für deine Storyline kommt es konkret auf die Wünsche, Handlungen, Eigenschaften oder Probleme der Hauptfigur an. (erster Akt, Einführung)
2. Schritt 2: Die Hauptfigur setzt sich innerhalb der Storyline ein konkretes Ziel, welches sie unbedingt erreichen möchte. Dieses Ziel sollte ambitioniert und offensichtlich genug sein, damit das Publikum sich ein gutes Bild vom Ziel machen kann. Es muss dem Publikum klar werden, dass die Hauptfigur sich aktiv bemühen und anstrengen muss, das Ziel zu erreichen. (erster Akt, Hinführung zur Konfrontation)
3. Schritt 3: Das definierte Ziel lässt sich bei einer guten Storyline nicht ohne Hindernisse und Hürden erreichen. Die damit verbundenen

Herausforderungen solltest du benennen und die Relevanz für die Hauptfigur verdeutlichen. Du versuchst, die Hindernisse sprachlich so zu beschreiben, dass alle fünf Sinne (sehen, riechen, schmecken, fühlen, hören) immer wieder angesprochen werden. Damit versetzt du dein Publikum direkt in die Situation, in der die Handlung stattfindet. (zweiter Akt, Konfrontation)

4. Schritt 4: Nach der Steigerung zu einem dramaturgischen Höhepunkt solltest du deine Lösung präsentieren. Was hat deine Hauptfigur gemacht, um die Probleme und Herausforderungen zu meistern? Welche Berge mussten vom Hauptcharakter bezwungen werden? Wie ist die Lösungsidee entstanden?

   In vielen Fällen erwartet das Publikum ein positives Ende. Das solltest du beim Designen deiner Story im Hinterkopf behalten. Du kannst es bedienen, musst es aber nicht. (zweiter Akt, Hinführung zur Auflösung)

5. Schritt 5: Nach der Auflösung der Geschichte hast du Zeit, die Learnings deiner Hauptfigur mit dem Publikum zu teilen. Was nimmt dein Hauptcharakter mit? Was hat den Hauptcharakter durch die Erlebnisse stärker gemacht?

   Es liegt an dir, wie sehr du das Publikum mit den Learnings abholst. Manchmal ist es besser, das Publikum selbst die Interpretation der Geschichte vornehmen zu lassen. Die Entscheidung liegt aber bei dir! (dritter Akt, Auflösung)

Jetzt zeige ich dir ein Beispiel, wie die oben beschriebene Struktur angewendet wird. Der Text entspricht dem gesprochenen Wort und wird von einem Gründer*in während des Pitching-Events vorgetragen. Diese Geschichte ist etwa drei Minuten lang und wird auch als „Elevator-Pitch" bezeichnet. In den eckigen Klammern stehen einige Hinweise, die nochmal den Aufbau und die Struktur der oben genannten Schritte verdeutlichen.

Beispiel

1. „Liebe Juroren, herzlich willkommen zu unserem Pitch! Wir freuen uns, dass wir Ihnen heute unsere STARTUP GmbH vorstellen können.

2 Produce! – Das Pitch-Deck zum Herzstück deines Vortrages ...

Wir haben bereits als sechsköpfiges Startup-Team *[Einführung Hauptfigur]* eine aufregende und spannende Reise hinter uns gebracht, mit vielen Höhen aber auch einigen Tiefen *[weckt Spannung; man möchte wissen, wie sich diese Situation auflöst]*. Das hat uns stark und zu dem gemacht, was wir heute sind.

2. Als STARTUP GmbH hatten wir das Ziel, im Jahr unserer Gründung, mehr als 60 % der Marktanteile für Hochtechnologiekomponenten zu gewinnen *[Zielbeschreibung]*. Wir starteten mit einem Marketingbudget von 1.000 €, einem Telefon und dem Willen, jede freie Minute damit zu verbringen, potenzielle Kunden anzurufen *[aktives bemühen; Kunden rufen sich nicht von selbst an]*.
3. Der Plan war gemacht, die Gesprächsleitfäden geschrieben und wir waren bereit für die ersten Anrufe. Ich weiß noch heute, wie es bei dem ersten Anruf war: Ich fühlte mein Herz in der Brust pochen, meine verschwitzten Hände klammerten sich verkrampft an den Telefonhörer und ich las stotternd den Text des Telefonleitfadens ab *[hier werden die Sinne angesprochen]*. Mit jedem weiteren Telefonanruf wurde es zwar leichter *[kurze Entspannung]*, doch nach 100 Anrufen kamen wir langsam zu der Erkenntnis: Kein Kunde wollte unser Produkt kaufen. Nach der euphorischen Telefonaktion stieg die Frustration im Team ins Unermessliche *[bewusste Übertreibung zur Verdeutlichung]*. Die Nächte wurden für uns alle kürzer und schlafloser. Wir wussten zu dem Zeitpunkt, dass unser Geld für nur noch sechs Monate reichte und so stieg unsere Anspannung bei jedem einzelnen Anruf, der abgewiesen wurde *[Situation wird nicht aufgelöst; Publikum möchte wissen, wie die Geschichte ausgeht]*.
4. Wir mussten dringend handeln! Nach 100 Telefonanrufen trommelten wir Gründer das Team um Mitternacht zu einem Meeting zusammen *[Vorbereitung auf den Höhepunkt der Geschichte]*. Die Stimmung war zum Zerreißen gespannt. Wir suchten fieberhaft nach Alternativen, Lösungsvorschlägen, Optionen, bis ein Teammitglied uns allen seine Idee präsentierte: Er schlug vor, ein paar Schritte zurückzugehen und anstatt den Kunden telefonisch ein Produkt verkaufen zu wollen, sollten wir sie besser interviewen, um herauszufinden, welche echten Bedürfnisse unsere Zielgruppe hat *[Auflösung der Geschichte]*. Das Ergebnis: Herausragend! Wir haben unsere 100 Kontakte nochmals angerufen und ihnen offen und ehrlich gesagt, dass wir nicht wissen, wie wir unsere Hochtechnologiekomponenten verkaufen sollen und wir gerne wüssten, welche Vorstellungen und Bedürfnisse sie in Bezug auf Hochtechnologiekomponenten haben.
5. Daraufhin haben sich 20 Kontakte dazu entschlossen, mit uns Kundentermine zu vereinbaren, von denen wir zehn Kunden als Pilotkunden gewinnen konnten. Weitere 15 Kontakte fanden unsere Ehrlichkeit so überzeugend, dass sie uns mit Brancheninformationen zu Abläufen und Kaufprozessen halfen und wir dadurch zwei Mentoren langfristig gewinnen konnten *[positive Auflösung der Geschichte; Happy End]*.

> Wenn ich heute an diese Situation zurückdenke, bin ich richtig stolz auf unser Team. Ohne das Engagement und die Ehrlichkeit, hätten wir nie die Kurve bekommen. Das hat mir aber deutlich vor Augen geführt, dass wir mit so einem fantastischen Team jede Herausforderung in Zukunft meistern können *[Learning; Betonung auf das gute Team]*.

Womöglich findest du die Geschichte etwas überzogen, aber was wäre, wenn ich dir sage, dass die Geschichte genauso in Wirklichkeit erzählt worden ist?

2.6 Die Länge deiner Story variiert

Die Länge und Zeit einer Story ist immer relativ. Die oben vorgestellte Geschichte könnte z. B. als Hook und Einstieg genutzt werden, um das Publikum abzuholen. Sie könnte aber auch das Grundgerüst und Zusammenfassung eines fünf- bis zehnminütigen Pitches sein, der weitere Informationen beinhaltet. Du kannst das ungefähr so vergleichen: Ein Kinofilm dauert 90 min und erzählt in vielen Facetten, Dialogen und Effekten eine Geschichte. Das Grundgerüst des Kinofilms (die Zusammenfassung) kannst du aber in wenigen Minuten bei Wikipedia nachlesen.

Es ist auch möglich, dass du in deinem Gesamtpitch mehrere kleinere „Einzelstories" mit dem gleichen Aufbau einbaust. Beachte nur dabei, dass es nicht so wirkt, als ob du zu jedem Slide einen Schwenk aus deinem Leben erzählst. Zu viele Einzelgeschichten können irgendwann das Publikum ermüden. Grundsätzlich ist deiner Kreativität hierbei keinerlei Grenzen gesetzt. Du solltest abwägen, was zu dir und deinem Startup am besten passt und was authentisch rüberkommt.

2.7 Zielsetzung deines Pitches

In diesem Kapitel steckt das erprobte und validierte Wissen, wie man Geschichten erzählt und damit sein Publikum überzeugt. Denke nochmal an das Ziel des Pitches, das ich dir genannt habe: **Eine gute**

Story bleibt in Erinnerung. Das funktioniert eben nur, wenn du die Geschichte „erlebbar" machst und dafür die Elemente des rhetorischen Dreiecks (Ethos, Pathos, Logos) nutzt. Beschreibende Sinneseindrücke wie sehen, riechen, schmecken, hören, fühlen holen das Publikum ab und versetzen es direkt in die erlebte Situation, die du erzählst. Bettest du dann noch diese erlebte Situation in einen dramaturgischen Aufbau ein, dann wird sich das Publikum dein Pitch-Deck leichter merken können.

Ich verstehe, wenn sich einige akademische Gründer*innen an dieser Form der Erzählung erst noch gewöhnen müssen. Je mehr du übst und Rückmeldungen du zu deinen Vorträgen erhältst, desto besser wirst du werden.

Frage dich deshalb immer nach jedem Pitch:

> Was würde ein*e Zuschauer*in über deinen Pitch, zu Hause am Essenstisch erzählen?

2.8 Exkurs: Visuelle Merkmale als wiederkehrende Elemente deines Pitch-Decks

Um deine Idee und das damit verbundene Pitch-Deck ansprechend zu vermarkten, solltest du gleich zu Beginn auf visuelle Faktoren achten. Der Produce-Teil bezieht sich daher primär auf die Anwendung der im Analyze-Teil ermittelten Fakten, mit denen du bei deiner Zielgruppe und natürlich bei der Jury punkten kannst. Auch hierzu erwarten dich daher mehrere Fragen und ein paar Aufgaben, die dich bei der Vorbereitung deines Pitch-Decks entlasten können.

Welche Visual Identity passt zu deinem Pitch-Deck?
Farben und Muster sind ein wichtiges Element, um mit deiner Präsentation auch optisch Eindruck zu hinterlassen. Vor allem für wissenschaftliche Themen haben sich in der Vergangenheit schlichte

Designs bewährt, die den Inhalt in den Vordergrund stellen. Während schwarze Schrift auf einem nüchternen weißen Hintergrund sehr beliebt ist, muss dies nicht zwingend auf dein Projekt zutreffen.

Sollte sich dein vorgestelltes Projekt mit einer bestimmten Farbe assoziieren lassen, kannst du diese natürlich nutzen. Wichtig ist nur, dass die Jury nicht den Eindruck hat, dass die Gestaltung über den Inhalt hinausgeht. Bei einem guten Pitch-Deck bildet die Gestaltung stets eine Einheit mit dem Produkt oder der Leistung, was auch bei dir der Fall sein sollte.

> **Tipp**
> Jede Farbe erzielt eine andere Wirkung. Die wichtigsten Zusammenspiele aus Farbe und Wirkung habe ich dir hier aufgelistet:
>
> *rot – Feuer, Liebe, Gefahr, Achtung, Aufmerksamkeit*
> *gelb – Sonne, Licht, Strahlung, Energie, Heiterkeit, Frohsinn*
> *blau – Wasser, Meer, Himmel, Professionalität, Ferne, kühl, klar*
> *orange – frisch, Kraft, Lebensenergie, gute Stimmung, Wärme*
> *grün – Natur, Leben, Wachstum, Harmonie, Ruhe, Hoffnung*
> *violett – Luxus, Spiritualität, Magie, Kreativität, Modernität*
> *schwarz – Eleganz, Funktionalität, Formalität, Sachlichkeit, Trauer*
> *weiß – Licht, Hoffnung, Freiheit, Nüchternheit, rein, Hygiene*

An dieser Stelle hast du etwas Platz, um verschiedene Verbindungen zu testen, ein einheitliches Muster festzulegen und deinem Layout einen Schritt näherzukommen. Ich empfehle dir nicht mehr als 4 verschiedene Farben im gesamten Pitch-Deck zu verwenden. Überlege dir daher, welche Farben zu dir und deinem Startup passen und lege sie schriftlich fest.

Achte zudem darauf, dass sich die Lichtverhältnisse auf der Bühne auch auf die Farben in deinem Pitch-Deck auswirken können.

Was sagt dein Layout über das Pitch-Deck aus?
Das Layout deiner Folie beschreibt die Anordnung und Aussehen von verschiedenen grafischen Elementen auf deiner Slide. Zum Beispiel könntest du ein spezielles Layout verwenden, um dein Unternehmens-

logo in einem bestimmten Bereich optimal zur Geltung zu bringen. Der einfachste und empfehlenswerteste Schritt ist, ein Layout aus einer Vorlage zu verwenden. Viele Präsentationsprogramme bieten entsprechende Vorlagen an, die du dann nach deinen Wünschen anpassen kannst.

Sowohl das Layout als auch die Farben in deiner Präsentation wirken sich auf die unbewusste Wahrnehmung deines Pitches aus. Wähle aus diesem Grund eine Farbe, deren Wirkung und Eigenschaften du teilst und gerne in Verbindung bringen möchtest. Je mehr Gedanken du dir um die Wirkung deiner Präsentation machst, desto kreativer und einzigartiger wird dein Pitch-Deck.

Während der Vorbereitung kannst du gerne einmal ausprobieren, wie sich die Farben und Muster auf deine Präsentation auswirken. Lass auch unabhängige Personen aus deinem Umfeld über die Folien schauen und frage sie, welchen Eindruck sie davon haben. Solltest du flächendeckend die richtige Wirkung erzielen, ist deine Visual Identity ein Erfolg.

Welche Effekte und Zusätze sind im Pitch-Deck geeignet?
Bei der Auswahl grafischer Effekte und verspielter Details solltest du vorsichtig sein. Ein häufiger Fehler sind gewagte Übergänge oder Animationen, wie sie aus PowerPoint bei Schulvorträgen noch bekannt sind. Was bei Schülern belustigend wirken mag, wirkt auf die Fachjury wenig professionell und kann dazu führen, dass dein Pitch-Deck aussortiert wird. Arbeite daher mit möglichst unauffälligen, aber präsenten Effekten wie z. B. dezente Einblendungen, die den Inhalt in den Vordergrund stellen.

Häufig wird dein Pitch-Deck ausgedruckt und den Juroren vorgelegt. Aufwendige Animationen verlieren dadurch ihre Wirkung. Du solltest also auch darauf achten, dass dein Pitch-Deck auch als Printausdruck einen guten Eindruck hinterlässt.

Klassische Zusätze wie eine Seitennummerierung sowie eine Projektbezeichnung als Kopf- oder Fußzeile lassen sich aber natürlich immer integrieren. Auch wenn sie nicht direkt zum Inhalt beitragen, sind derartige Ergänzungen seriös und verbessern deinen Eindruck. Achte dennoch darauf, die grafischen und inhaltlichen Zusätze möglichst gering zu halten.

Nutzung von Photographien und Bildern als visueller Ausdruck
Photographien und Bilder jeglicher Art sind immer dann sinnvoll, wenn Sprache nicht das ausdrücken kann, was man meint. „Manchmal sagt ein Bild mehr als 1.000 Worte", wie es im Volksmund so schön heißt. Das gilt natürlich auch für das Pitch-Deck. Dennoch gibt es ein paar Kleinigkeiten zu beachten, wenn du mit Bildern arbeiten möchtest.

Es gibt einige kostenlose Bildquellen im Internet, die du für deine Recherche verwenden kannst. Da du als Startup gewerblich unterwegs bist, solltest du auf alle Fälle die Nutzungsrechte an dem Bildmaterial klären, bevor du es in deinem Pitch-Deck verwendest. Es gibt aber auch Bilddatenbanken für die du bezahlen musst. Meistens ist die gewerbliche Nutzung über den Kaufpreis der Bilder bereits abgedeckt. Informiere dich dennoch vor jedem Bildkauf über die Nutzungsrechte.

Bei der Auswahl des Bildmaterials solltest du sorgfältig vorgehen. Bei den kostenlosen Bildquellen ist die Auswahl an Motiven eingeschränkt und du musst oft das Motiv wählen, das gerade kostenlos zur Verfügung steht. Bei Bezahlangeboten gibt es meistens mehrere Bildquellen für ein Motiv.

> **Tipp** Achte darauf, wenn du Photographien oder Bilder nutzt, dass der Stil der Bilder im gesamten Pitch-Deck gleich bleibt. Wenn du zum Beispiel Schwarz-Weiß-Fotografien nutzt, ist es gut, wenn du das im gesamten Pitch-Deck beibehältst. Nutzt du zum Beispiel Portraitbilder von Menschen mit Bokeh (geringe Tiefenschärfe) ist es sinnvoll, bei späteren Bildern ebenfalls auf Tiefenunschärfe zurückzugreifen.

2.9 Vom Storytelling zur Pitch-Deck Struktur

Sobald deine Story für das Pitch-Deck steht (Abschn. 2.3), muss deine Geschichte inhaltlich und visuell auf den Slides in der richtigen Reihenfolge präsentiert werden.

Was ich dir hier in diesem Kapitel vorstellen werde, solltest du eher als „Menükarte" für deinen Pitch verstehen. Das bedeutet, dass ich dir

2 Produce! – Das Pitch-Deck zum Herzstück deines Vortrages ...

Gliederungsvorschläge Pitch-Decks
Welche Slides sollten rein?

	Für-Gründer.de	Y-Combinator	Pitch Club	Plan B Pitch Deck	Startplatz
Anzahl Slides	12	9	11	12	12
1. Slide	Deckblatt / Hook	Deckblatt / Hook	Problem	Deckblatt / Hook	Deckblatt / Hook
2. Slide	Team	Problem	Lösung	Einleitung	Problem
3. Slide	Problem	Lösung	Produkt	Team	Lösung
4. Slide	Lösung	Traction	Markt	Problem	Markt
5. Slide	Produkt	Markt	Geschäftsmodell	Lösung	Geschäftsmodell
6. Slide	Markt	Wettbewerb	Markteintritt- und Vertriebsstrategie	Produkt / Service	Wettbewerb
7. Slide	Alleinstellung	Vision	Traction	Kunden / Markt	Markteintritts- und Vertriebsstrategie
8. Slide	Wettbewerb	Team	Wettbewerbs- analyse und -vorteile	Wettbewerb	Traction
9. Slide	Geschäftsmodell	Call to Action / Kapitalbedarf	Finanzkennzahlen und KPI	Geschäftsmodell	Meilensteine
10. Slide	Proof of Concept / Testimonials		Finanzierung	Marketing und Vertrieb	Team
11. Slide	Call to Action / Kapitalbedarf		Team	Investitions- planung	Call to Action / Kapitalbedarf
12. Slide	Bonus: Bezug zur Veranstaltung			Meilensteine	Zusammen- fassung

Abb. 2.3 Gliederungsvorschläge Best-Practice

viele Beispiele und Anregungen zeigen werde, die häufig bei Pitches genutzt worden sind. Das bedeutet aber nicht, dass du *alle* Slides in *jedem* deiner Vorträge nutzen solltest. Vielmehr geht es darum auszuwählen, welche Gliederung und Reihenfolge zu deinem Wettbewerb und Startup passt und welche Slides für welchen Anlass am besten funktionieren.

Wie in Abb. 2.3 zu sehen, habe ich dir die Gliederungsvorschläge von einigen namhaften Veranstaltern in einer Tabelle übersichtlich dargestellt. Wie du feststellen wirst, hat jeder Veranstalter unterschiedliche Wünsche, wann welche Slides gezeigt werden sollen. Aber im Grunde möchte jeder Veranstalter die gleiche Story hören, nur etwas unterschiedlich aufgebaut.

Aus diesem Grund erkläre ich dir hier die häufigsten Slides eines Pitch-Decks.

Deine Aufgabe wird sein, deine eigene Gliederung mit den Anforderungen des Veranstalters abzugleichen. Tausche dazu Slides aus, ergänze Sie oder lass einfach Slides weg. An dieser Stelle möchte ich auf den Analyze-Teil verweisen. Die Gliederungsvorgaben findest du meistens in den Teilnahmebedingungen und sollten von dir vorab über die Analyse identifiziert worden sein.

2.10 Die häufigsten Slides im Pitch-Deck

Aus der Begleitung zahlreicher Science-Tech-Teams und vielen Pitch-Trainings, komme ich jetzt zu dem Geheimnis guter Präsentationen und den zwölf häufigsten Slides. Ich werde dir erklären, worauf du bei den einzelnen Folien achten solltest. Die Reihenfolge der vorgestellten Slides ist nicht bindend für dich, aber eine Empfehlung. Entscheide einfach selbst, welche der zwölf Slides am besten für die Anforderungen deines Wettbewerbs passen (siehe Abb. 2.4).

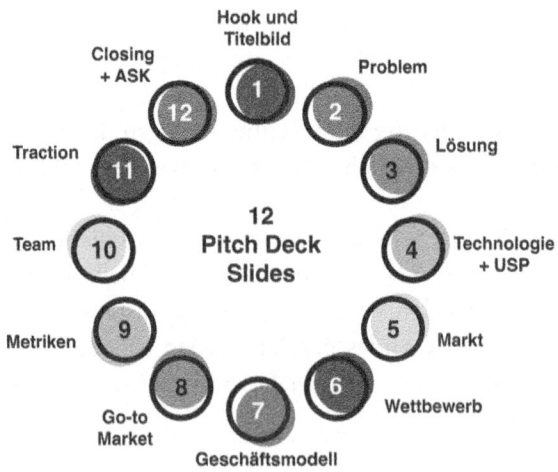

Abb. 2.4 Pitch-Deck Slides in der Übersicht

2.10.1 Hook und Titelfolie

„Hook" stammt aus dem Englischen und bedeutet übersetzt „Aufhänger". Mit der Hook gewinnst du die Aufmerksamkeit deines Gegenübers und stimmst das Publikum auf deinen Vortrag ein. Sie ist dadurch die wichtigste Folie, um deinem Vortrag einen Rahmen zu geben und auf das Problem aufmerksam zu machen, welches du identifiziert hast.

Die Hook muss Interesse wecken und das Publikum neugierig darauf machen, was du zu präsentieren hast. Denke dabei an den dramaturgischen Aufbau und den ersten Akt, der Hinführung des Publikums zu einer bestimmten Situation. Diese „Hinführung" kann auf unterschiedliche Art und Weise erfolgen. Nachfolgend findest du eine kleine Übersicht mit konkreten Beispielen, wie du mit der Hook beginnen kannst. Lass dich davon einfach inspirieren.

- **Der spannende Einstieg:** „Wir haben eine neue Möglichkeit entdeckt, wie mehr Wissenschaftler*innen ihre eigenen Ideen umsetzen können."
- **Der nachdenkliche Einstieg:** „Haben Sie gewusst, dass 9 von 10 Forscher*innen bereits einmal während ihrer Forschungstätigkeit eine Erfindung getätigt haben, ohne es zu wissen?"
- **Der provokante Einstieg:** „Wenn Forscher*innen ihre Forschungsergebnisse nie verwerten würden, dann gäbe es keinen Fortschritt in unserem Land!"
- **Der überraschende Einstieg:** „Der Weg vom Forschungsergebnis zum Markt ist oft einfacher als gedacht."
- **Der persönliche Einstieg:** „In meinem Freundeskreis gibt es zwei Wissenschaftler*innen, die mir von spannenden Forschungsergebnissen berichtet haben. Daraufhin haben wir ein Business Model erstellt und unser Startup gegründet!"
- **Der dramatische Einstieg:** „Immer noch sterben viel zu viele Menschen auf der Welt durch mangelnde medizinische Versorgung. Unser Startup hat eine Lösung für dieses Problem."

Die Hook-Einstiege solltest du mit optisch klar erkennbaren Signalen verstärken, damit du dich von anderen Teilnehmern absetzen kannst. Kreativität zahlt sich bei deiner Hook nicht selten aus. Wähle daher beispielsweise ein inspirierendes Einstiegsbild, ein Zitat oder zeige dein physisches Produkt ins Publikum und lass es raten, welche tollen Eigenschaften es hat.

Vergiss nicht das rhetorische Dreieck! Alle drei Elemente (Ethos, Pathos, Logos) sollten sich hier in der Hook wiederfinden.

Die Hook kann auch Teil der ersten Titelfolie sein. In der Regel wird die Titelfolie und die Abschlussfolie am längsten zu sehen sein. Du solltest daher sehr ausdrucksstarke Bilder und Illustrationen wählen, die die Jury neugierig auf den Pitch macht.

Hier findest du beispielhaft eine Titelfolie:

https://ueberzeugendestartuppitches.de/hook/

2.10.2 Die Problem-Slide

Die Beschreibung einer Problemstellung ist gar nicht so trivial, wie es auf den ersten Blick scheint, denn viele Gründer*innen machen bei dieser Folie den Fehler, dass sie die Lösung als Problem verkaufen. Durch diesen Denkfehler kommt es häufig vor, dass ein Produkt mit der Annahme entwickelt wird, dass eine bestimmte Zielgruppe einen Bedarf nach dieser Lösung (dem Produkt) hat. In der Realität stellt sich jedoch heraus, dass die Zielgruppe gar nicht das Problem hat oder es überhaupt nicht lösen möchte und das Produkt des Startups damit unbrauchbar ist.

Damit du für diese Slide gut vorbereitet bist, schauen wir uns an, was man im Allgemeinen unter dem Begriff „Problem" versteht. Der Duden definiert das Wort Problem wie folgt: „schwierige [ungelöste] Aufgabe, schwer zu beantwortende Frage oder komplizierte Fragestellung" (Duden, 2021). Diese Definition bringt Gründer*innen nur bedingt weiter. Denn als Entrepreneur willst du für eine bestimmte Zielgruppe ein bestimmtes Problem mit deinem Produkt oder Service lösen. Da du als Gründer*in immer von „außen" auf das Problem blickst und gerade deshalb eine innovative Lösung gefunden hast, kannst du nicht zu 100 % wissen, welche Herausforderungen und Hürden deine Zielgruppe hat. Deshalb ist es umso wichtiger, dass du Juroren glaubhaft machst (Ethos), ein echtes Problem gefunden zu haben.

Da du in sehr vielen Fällen nicht die eigenen, sondern die Probleme deiner Zielgruppe beschreibst, muss der Problembegriff um drei weitere Faktoren erweitert werden. Schließlich hast du das Ziel, dass deine Lösung einer größeren Gruppe von Menschen hilft, ihre Probleme zu überwinden und durch die Nutzung Mehrwerte zu generieren (mehr Zeit, mehr Geld, mehr Einsparungen, etc.). Genau deshalb wird die Problemdefinition durch die Faktoren **Ausgangssituation, Hindernis** und **Zielsituation** (Wikipedia, 2021a, b, c) erweitert. Die drei Faktoren möchte ich dir kurz erläutern:

1. **Ausgangssituation:** Juroren und Publikum müssen in vielen Fällen erst für das Problem sensibilisiert werden, das du lösen möchtest. Zum Teil kannst du diese Sensibilisierung bereits in der Hook vornehmen. Auf der Problem-Slide kommt es jedoch darauf an, die Zielgruppe und Personen zu nennen, bei der du das Problem identifiziert hast. Vielleicht hast du bei deiner potenziellen Zielgruppe einen Fehler in einem Prozess/Ablauf festgestellt, der viele weitere Probleme verursacht. Wenn dem so wäre, ist es wichtig, dass dein Publikum einen Eindruck von der Problemsituation der Zielgruppe erhält.

Folgende Fragen helfen dir dabei, die Ausgangssituation zu beschreiben:

1. Welche Zielgruppe/Personen/Individuen haben ein Problem?
2. In welcher Situation tritt das Problem für die Zielgruppe auf? (Bitte detailliert beschreiben)
3. Wie wird das Problem bisher von der Zielgruppe gelöst?

2. Hindernis: Nachdem du dem Publikum die Ausgangssituation geschildert hast, beleuchtest du die Probleme und Herausforderungen, die die Zielgruppe in dieser konkreten Situation hat. Welche Schwierigkeiten muss die Zielgruppe bewältigen? Welche Aufgaben muss deine Zielgruppe lösen? Welche „Schmerzen" hat deine Zielgruppe in dieser Situation? Dieses Problem bzw. Hindernis musst du sehr isoliert und klar vermitteln. Das Publikum muss das Gefühl haben, hier ein echtes Problem vorgestellt zu bekommen.

Beantworte die folgenden Fragen, um das Hindernis zu beschreiben:

1. Welche Schwierigkeiten muss die Zielgruppe bewältigen?
2. Welche Aufgaben muss deine Zielgruppe lösen?
3. Welche „Schmerzen" hat deine Zielgruppe in dieser Situation?

3. Zielsituation: Die Beschreibung der Zielsituation schließt die Problembeschreibung ab, weil dem Publikum deutlich wird, was nach dem Lösen des Problems passiert. Es geht dabei nicht um die Nennung der Vorteile der Lösung, sondern um die Beschreibung, in welcher Situation sich die Zielgruppe nach der Bewältigung des Hindernisses befinden wird.

Folgende Fragen helfen dir dabei, die Zielsituation zu beschreiben:

1. Wie sieht die Zielsituation nach dem Lösen des Problems aus?
2. Was empfindet die Zielgruppe dabei?
3. Lohnt es sich für die Zielgruppe die Zielsituation zu erreichen?

Folgendes Beispiel soll die Beschreibung eines Problems verdeutlichen:

Praxisbeispiel einer Problembeschreibung

1. **Ausgangssituation:** „Durch die Coronapandemie wurde der berufliche Alltag ins Homeoffice und den digitalen Raum verlagert. Viele Meetings und Jour fixes wurden vollständige digitalisiert und alle Kolleginnen und Kollegen sind digital zugeschaltet."
2. **Hindernis:** „Obwohl Meetings aufgezeichnet und Audioaufnahmen des Meetings transkribiert werden können, muss häufig nach einem

> digitalen Meeting ein Protokoll von einem Mitarbeiter oder einer Mitarbeiterin manuell erstellt werden. Durch die schnelle Taktung der Meetings im Tagesgeschäft bleibt den Protokollanten meistens wenig Zeit, um die Protokolle zeitnah zu versenden."
> 3. **Zielsituation:** „In Zukunft sollen Mitarbeiter*innen keine Zeit dafür verschwenden, Informationen zusammenzufassen und aufzubereiten, die bereits digitalisiert vorliegen. Einfache Protokollierungsaufgaben sollen mit Softwaretools erstellt werden, sodass der Arbeitsalltag von Mitarbeitern entlastet wird."

Lass uns an dieser Stelle nochmal zusammenfassen: Wenn du ein Problem beschreibst, welches du lösen möchtest, dann denke immer an die drei Faktoren Ausgangssituation, Hindernis und Zielsituation. Bei einigen Storylines empfehle ich den Gründerteams die Problembeschreibung auf die ersten drei Pitch-Deck-Slides aufzuteilen (Hook-, Problem- und Solution-Slide). Bei anderen Teams würde ich die Problembeschreibung nur auf der Problem-Slide darstellen. Die Antwort auf den richtigen Einsatz der Problembeschreibung gibt dir deine Storyline.

Was für ein Problem versuchst du zu „heilen"?
Du weißt nun, wie du ein Problem definierst. Nicht immer kann man von der Ausgangssituation, der Hürde und der Zielsituation feststellen, um welche „Art" von Problemen es sich handelt. Nehmen wir mal an, in dem oben beschriebenen Praxisbeispiel gibt es eine Assistenz, dessen Aufgabe es ist, zu jedem Meeting ein Protokoll zu erstellen. Dann wäre womöglich eine IT-Lösung gar nicht notwendig, weil die Protokollanten sehr effizient und geschult darin sind, Protokolle zu erstellen.

Deshalb müssen wir den Juroren und dem Publikum klarmachen, was genau wir an unserem Problem adressieren. Zur Verdeutlichung dieser Problematik, erzähle ich den Gründerteams während meiner Beratungen eine beispielhafte Situation beim Arzt, die die Problemanalyse und die Art des Problems sehr gut verdeutlicht (vgl. Locander & Cocanougher, 2011):

> **Beispiel**
>
> Stell dir vor du bist Arzt (Allgemeinmediziner) mit eigener Praxis und es kommt ein Patient zu dir. Als Einstieg fragst du deinen Patienten wie es ihm geht und warum er hier sei. Der Patient beginnt in der Regel mit der Aufzählung von Symptomen („Es brennt beim Schlucken, ich fühle mich schwach, ich habe Fieber und Gliederschmerzen"). Jetzt liegt es an dir und deiner Erfahrung, eine Entscheidung zu treffen, wie gründlich du den Patienten untersuchen wirst. Handelt es sich bei den beschriebenen Symptomen und eine einfache virale Erkältung oder passen die Symptome zu einer schwerwiegenderen Krankheit? Welche Krankheiten können und sollen ausgeschlossen werden?
>
> Vielleicht wirst du nach der ersten Halsuntersuchung einen leicht geröteten Hals feststellen. Um dem Patienten zu helfen, verschreibst du ihm ein Medikament, das seine Halsschmerzen (= Symptome) lindert. Der Patient freut sich natürlich, weil er durch die Einnahme der Medikamente seine Schmerzen lindern kann.
>
> Und dennoch liegt hier ein Problem im Problem vor. Hättest du zum Beispiel als Arzt weitere Untersuchungen angeordnet, wäre vielleicht herausgekommen, dass dieser Patient an einer hochansteckenden Grippe erkrankt ist. Durch das Herausfinden der Ursache, hätte der Arzt und der Patient andere Maßnahmen ergriffen, als noch unter der Annahme, dass es sich um eine einfache Halsentzündung handelt.
>
> Die Herausforderungen des Arztes liegt im Abwägen, ob weitere Test und Laboruntersuchungen angeordnet werden, um die Ursache der Beschwerden herauszufinden. Denn es macht nicht bei jedem Husten oder Halsrötung Sinn, aufwendige Laboruntersuchungen durchzuführen.

Als Gründer*innen unterliegen wir oft dieser Realitätsverzerrung. Du solltest dir deshalb immer kritisch die Frage stellen: Löse ich mit meinem Produkt oder Service **Symptome** oder löse ich damit die **Ursache** von Problemen. Versteh mich nicht falsch: Wenn ein Patient starke Kopfschmerzen hat, dann wird er alles dafür tun, eine Kopfschmerztablette zu bekommen, um die Symptome zu lindern. Aber vielleicht wächst im Kopf des Patienten ein Tumor, der die heftigen Kopfschmerzen verursacht.

Du kannst sicherlich mit dem Verkauf von „Schmerzmitteln" als Startup viel Geld verdienen. In der Champions League spielst du mit deinem Startup aber nur dann, wenn deine Lösung die Ursachen von Problemen einer ganzen Zielgruppe löst. Wenn du das schaffst, dann spricht man in diesem Zusammenhang oft von „innovativen" und/oder „disruptiven" Startups, die das Potenzial haben die Welt zu verändern. Denke zum Beispiel an die Erfindung und Entwicklung der Dampfmaschine, mit der es zum ersten Mal möglich war, harte körperliche Arbeit durch eine Maschine zu ersetzen. Weil damit viele ursächliche Probleme im Bergbau (z. B. abpumpen des Wassers im Stollen oder der Transport von Gütern) gelöst werden konnten, hat sich die Dampfmaschine als disruptive Technologie sehr schnell durchgesetzt.

Aus meiner langjährigen Beratererfahrung mit Science-Tech-Ausgründungen weiß ich, dass viele Wissenschaftler*innen das Potenzial für disruptive Ideen haben. Sofern du Ideen oder Forschungsergebnissen hast, die einen disruptiven Charakter aufweisen, dann solltest du diese Vorteile auf alle Fälle deinem Publikum klarmachen.

Mit fünfmal „Warum" zum Kern der Ursache
Weil ich sehr häufig danach gefragt werde, wie man die Ursache eines Problems herausfindet, möchte ich dir jetzt anhand eines Interviews verdeutlichen, wie du zu der Ursache eines Problems gelangst. Die Methode, die ich dafür nutze, wurde von Toyoda Sakichi (Diehl, 2021) erfunden und nennt sich „5-Why-Methode". Wenn du glaubst ein Problem identifiziert zu haben, dann solltest du dich fragen, warum das Problem überhaupt entsteht. Lass uns nochmal zu dem Beispiel mit der Software für die automatische Protokollerstellung zurückkommen, um dir die Anwendung der Methode zu verdeutlichen (Tab. 2.1).

Tab. 2.1 Anwendungsbeispiel der „5-Why-Methode"

Das Problem:	Protokolle werden verzögert versendet
1. Warum (warum verzögert?)	Weil das Schreiben des Protokolls nicht eingeplant ist
2. Warum (ist das Schreiben nicht eingeplant?)	Weil zu Beginn des Meetings nicht klar ist, wer protokolliert
3. Warum (ist das nicht klar?)	Weil bei jedem Meeting ein*e Mitarbeiter*in zufällig ausgewählt wird
4. Warum (wird zufällig ausgewählt?)	Weil niemand protokollieren möchte
5. Warum (möchte niemand protokollieren?)	Weil niemand weiß, wie man ein gutes Protokoll erstellt

Wir haben nun herausgefunden, dass die Ursache für die Verzögerungen dadurch entstehen, dass niemand weiß, wie man ein gutes Protokoll erstellt. Das bedeutet jetzt nicht, dass deine IT-Software die beste Lösung für dieses Problem ist. Denn vielleicht wäre es effektiver, wenn alle Mitarbeiter*innen eine Schulung zum Thema „Wie schreibt man gute Protokolle" erhalten würden. Wenn du an den Kern der Ursache gekommen bist, müssen wir eine weitere Frage berücksichtigen:

Wie groß ist die Motivation der Zielgruppe, das Problem zu lösen?
Nicht jede Zielgruppe hat das Bedürfnis, das Problem bzw. die Ursache auch lösen zu wollen. Lass uns an dieser Stelle die oberen Punkte kurz zusammenfassen, bevor ich dir die Herausforderungen mit der Motivation erkläre.

Du hast ein Problem identifiziert und mit den drei Faktoren beschrieben (Problembeschreibung, Hürde, Zielsituation). Du hast gelernt, dass die Problembeschreibung wichtig ist, weil wir nur als Beobachter die Probleme einer bestimmten Zielgruppe lösen. Du hast dem Publikum klargemacht, um welche Art von Problemen es sich handelt (Symptom vs. Ursache). Dazu habe ich dir eine Methode gezeigt, wie du zur Ursache des Problems gelangst. Bis dahin kann dir das Publikum gut folgen.

Als letzten Faktor möchte das Publikum wissen, ob es sich bei deinem identifizierten Problem um eine „low-stake"-Ursache oder um eine „high-stake"-Ursache handelt (Betsch et al., 2011). In der Startupwelt spricht man auch von „must-have-problems" oder „nice-to-have-problems".

Hinter diesen Begrifflichkeiten versteckt sich eine Unterteilung, die die *Notwendigkeit* der Zielgruppe, das von dir beobachtete Problem auch lösen zu *wollen,* definiert. Auf unser Beispiel mit dem Protokoll bezogen, ergibt sich bei den Mitarbeitern vielleicht gar keine Notwendigkeit die Ursache bzw. das Problem lösen zu wollen (wie ein gutes Protokoll geschrieben wird), weil die Protokolle später nicht gelesen werden. Anders wäre es, wenn jedes Protokoll an die Geschäftsführung oder den Vorstand geleitet wird und die schlechte Qualität der Protokolle auf die Mitarbeiter*innen zurückgeführt werden könnte.

Was mache ich, wenn ich kein „Must-have" Problem löse?

Manchmal kann es vorkommen, dass deine Lösung nicht die Kriterien eines Must-have-Problems erfüllt oder du am Anfang einen Nischenmarkt bedienst. Viele Investoren und Geldgeber sprechen dann von „Nice-to-have" Problemen, die in unserer Welt häufig vorkommen, aber der potenzielle Kunde diese nice-to-have Probleme nicht sofort lösen möchte. Viele Wissenschaftler*innen stehen vor der großen Herausforderung, dass sie eine Erfindung gemacht haben, die ein Problem besser löst, als es bisher möglich ist. Aber manchmal sind die aktuellen Technologien und Lösungen so gut und ausgereift, dass es sich nicht lohnt, die neue akademische Erfindung als Lösung anzubieten, weil der Mehrwert der neuen Lösung, im Vergleich zum Stand der Technik, zu gering ist.

An dieser Stelle kann ich dir verraten, dass sich bei der Problem-Slide die Spreu vom Weizen trennt. Vielleicht fragst du dich jetzt, wie du deine Lösung als high-stake-Ursache präsentieren sollst. Der nächste Abschnitt verrät dir das Geheimnis, wie du es darstellst. Je besser und genauer du und dein Gründerteam das Problem benennen (Problembeschreibung) und darstellen könnt, desto überzeugender werden die Juroren deinen Vortrag wahrnehmen. Eine authentische Darstellung des Problems kannst du aber nur dann vornehmen, wenn du in der realen Welt mit potenziellen Kunden gesprochen hast. Dadurch rückst du aus der Position des Beobachters in die Kundenperspektive und kannst die Problembeschreibung authentischer verdeutlichen. Du steigerst deine Glaubwürdigkeit (Ethos), wenn du Referenzen (Logos) der Kundeninterviews während deines Pitches aufzählst und damit dem Publikum die Relevanz des Problems vermittelst.

Spezielle Herausforderungen von wissenschaftlichen Lösungen

Eine besondere Herausforderung haben allerdings angehende Gründer*innen aus der Wissenschaft. Viele Gründer*innen untersuchen in ihren Abschluss- und Doktorarbeiten eine bestimmte Problemstellung und möchten die Ursache der Problementstehung verstehen. Durch das bessere Verständnis des Problems, wird letztlich Wissen geschaffen, mit dem man dann neue Lösungen entwickeln kann. Deshalb „schafft" man „Wissen" = „Wissenschaft".

> **Beispiel**
>
> Zum Beispiel hat eine Wissenschaftlerin gegen Ende ihrer Promotion ein Problem analysiert, die Ursachen für die Entstehung des Problems verstanden und eine Lösung entwickelt. Die Herausforderung liegt darin, dass die Wissenschaftlerin das Problem im Rahmen ihrer wissenschaftlichen Arbeit isoliert betrachtet hat und in der Regel gar nicht weiß, ob der Markt oder eine spezifische Zielgruppe überhaupt Interesse an ihrer (Labor-) Lösung hat. Deshalb müssen die meisten wissenschaftlichen Lösungen an den Markt und die Kundenbedürfnisse angepasst werden, damit aus dem Forschungsergebnis auch ein echtes Produkt wird.

Das wissenschaftliche Lösungen nicht immer marktreif sind, aber disruptives Potenzial besitzen, das wissen Investoren und auch die Jury bei einem Wettbewerb. Deshalb solltest du als Wissenschaftler*in in deiner Präsentation immer aufzeigen, dass du das Problem nicht isoliert (im Labor) betrachtet, sondern in einen Marktzusammenhang gestellt hast. Vergiss nicht, deine Glaubwürdigkeit (Ethos) in deiner Präsentation zu unterstreichen, indem du deine Aussagen zum Problem mit Letter of Intents (Absichtserklärungen) oder Referenzen von deinen potenziellen Kunden belegst.

> **Tipp** Die Kombination von Zielgruppe und einem starken Kundenwunsch (Desirability) ist der Nährboden für große Trends und Innovationen, die Juroren und Investoren gerne hören und sehen möchten. Fehlen diese Komponenten, spricht man vom fehlenden „Market-need". Studien wie von CBInsights (CBInsights, 2021) belegen, dass der fehlende Market-need eine der häufigsten Gründe dafür ist, warum Startups scheitern.

Deshalb ist es so wichtig, dass du mit belegten Kundeninterviews und einer guten Problembeschreibung alle Aspekte dieses Kapitels auf deiner Problem-Slide beachtest. Nur dadurch kannst du auch komplexe Ideen und Produkte aus der Wissenschaft als Must-have Lösungen präsentieren, die das Publikum als relevant beurteilt.

Beispiel: Google und das Must-have Problem

Als das Internet in den 1990er-Jahren immer populärer wurde und immer mehr Websites erstellt wurden, hatte man Schwierigkeiten, die richtige Website zu finden. Erste Suchmaschinen indexierten Websites wie in einem Art Verzeichnis. Irgendwann benötigte man durch die schnell generierte hohe Anzahl von neuen Websites eine andere Darstellungsweise, weil die Indexierung immer unübersichtlicher wurde. Sergey Brian und Larry Page gründeten 1998 Google und entwickelten einen „Page-Rank" der ermittelte, wie oft Websites von anderen Seiten verlinkt wurden. Das „innovative Prinzip" hatten sich die beiden aus der Wissenschaft abgeschaut, wo wissenschaftliche Publikationen mit vielen Zitationen als „wertvoller/wichtiger" betrachtet werden.

Google hatte ein dringliches Problem erkannt und dafür eine geniale Lösung entwickelt, die zu der damaligen Zeit von vielen Menschen als Bedürfnis wahrgenommen wurde (Bedürfnis: bestimmte Websites zu finden). Damit hatte Google ein „Must-have" Problem erkannt, für das sie eine Lösung bereitgestellt hatten. Mit einer Mischung aus Technologie und Must-have-Lösungsbedürfnis, erschufen die beiden Gründer einen sehr erfolgreichen Unternehmenskonzern.

Deine Checkliste für die Problem-Slide

- Ist die Ausgangssituation hinreichend beschrieben?
- Hast du das Problem isoliert betrachtet und detailliert erklärt?
- Kannst du den Zielzustand nach erfolgreicher Lösung beschreiben/belegen?
- Um welche Art von Problem handelt es sich? – Symptom oder Ursache?
- Handelt es sich um eine low-stake-Ursache oder high-stake-Ursache?
- Hast du bereits Interviews/Gespräche mit potenziellen Kunden geführt?
- Wurde deine Lösung aus der Wissenschaft entwickelt und nur im Labor getestet?

Du solltest mindestens drei Fragen der Checkliste beantworten können. Falls nicht, solltest du an den Fragen arbeiten, die du noch nicht beantworten kannst. Es ist für unser Storytelling und für die Art und Weise wie das Pitch-Deck aufgebaut wird wichtig, dass das Problem gut definiert wird.

Scanne den nachfolgenden QR-Code ab, um dir eine beispielhafte Problemslide anzuschauen.

https://ueberzeugendestartuppitches.de/problem/

2.10.3 Die Lösungs-Slide

Bis zu dieser Stelle solltest du dein Publikum mit deiner Problemstellung gut abgeholt und klargemacht haben, dass es sich womöglich um ein „Must-have-Problem" handelt, welches du jetzt lösen möchtest, weil der Kundenwunsch sehr ausgeprägt ist (Desirability).

Das Kapitel zur Problem-Slide beinhaltet wichtige Erkenntnisse, die ich bei der Begleitung von erfolgreichen Startup-Teams gemacht habe. Je besser du das Problem darstellen kannst, desto einfach wird es bei der Lösungs-Slide auf diese Punkte einzugehen. Denn die Lösung, welche du deinem Publikum auf dieser Slide präsentierst, sollte innovativ, neu, einzigartig und umsetzbar sein (Viability, Feasibility). Wenn deine Lösung Skalierungspotenziale hat, ist das umso besser (vgl. BaseTemplates.com, 2021, Zephram, 2021, Wehr, 2019).

Deine Lösung als Höhepunkt der Spannungskurve
Wenn wir uns die Dramaturgie deines Pitches anschauen, dann sollte nach deiner hervorragenden Problembeschreibung das Publikum an deinen Lippen hängen. Der Grund hierfür liegt darin, dass die Problembeschreibung eine gewisse Spannung aufbaut. Je besser sich das Publikum mit dem Problem identifizieren kann, desto größer wird der Wunsch, eine Lösung für das Problem zu finden. Beim Publikum muss ein Gefühl entstehen, dass die von dir präsentierte Lösung, die logische und natürliche Ableitung deiner Überlegungen ist. Wenn das Publikum

von deiner Lösung überrascht wird und folgenden Gedanken hat: „Die Lösung ist genial. Warum bin ich nicht selbst darauf gekommen?!", dann verspreche ich dir, dass du nachhaltig in Erinnerung bleiben wirst.

> **Spreche alle Personen im Publikum an**
>
> Im Publikum sitzen die unterschiedlichsten Menschen. Fachexperten, Laien, Fördermittelgeber, Journalisten, Interessierte und weitere Gruppen, die sich von Startups und innovativen Ideen angesprochen fühlen. Wenn beispielsweise Wissenschaftler*innen auf der Bühne ihren Vortrag halten und nicht mit diesem Buch gearbeitet haben, dann sprechen die Wissenschaftler nur einen kleinen Teil des Publikums an. Das restliche Publikum ist vielleicht gelangweilt oder kann der Fachsprache nicht folgen.
> Dein Ziel ist es aber, dass du **ALLE** Menschen im Publikum von deiner Idee überzeugst. Das kannst du aber nur, wenn du dein Publikum „abholst" (Hook) und ihnen eine genaue Problembeschreibung (Problem-Slide) präsentierst. Wenn du alles gut gemacht hast, dann kann das Publikum deine Schlussfolgerung nachvollziehen und stimmt dir dann bei der Präsentation deiner Lösung zu und verifiziert dadurch deine Ableitung („Ich hätte das auch so gemacht"…„Die Idee ist so einfach wie genial"… „Ich kennen auch viele Menschen die das Problem haben"…etc.).

Auf der Lösungs-Slide präsentierst du deine Lösung, nicht die Features
Ich hoffe, dir wird jetzt klar, dass du auf der Lösungs-Slide nicht ausschließlich das Produkt mit seinen Features darstellst! Es geht wirklich darum, die Lösung zu **erklären.** Zeige dazu auf, welche Vorteile deine potenziellen Kunden durch die Nutzung deiner Lösung erhalten. Hier kannst du auf den Ausgangszustand deiner Problembeschreibung eingehen und dem Publikum erläutern, wie das Leben deiner Zielgruppe nach deiner Lösung (Zielzustand) verbessert wird.

Kommen wir nochmal zurück zu unserem Beispiel mit der Protokoll-KI-Software. Im vorhergehenden Kapitel haben wir die Ursachen für das Problem analysiert. Jetzt zeige ich dir anhand des Praxisbeispiels, wie man die Lösung, statt das Produkt in den Vordergrund stellt:

Lösungsvariante 1: „Unsere Protokoll-Lösung ist ein KI-Assistent, der mittels moderner Technologien, digitale Meetings schnell, rechtssicher und vollautomatisiert protokolliert, damit Ihre Mitarbeiter*innen mehr Zeit für Ihre Kunden haben".

Lösungsvariante 2: „Unser Online-Schulungsangebot vermittelt innerhalb kürzester Zeit die wichtigsten Elemente von guten Protokollen und unterstützt mit Vorlagen und Tipps die zeitnahe Erstellung, damit Ihre Mitarbeiter*innen mehr Zeit für Ihre Kunden haben".

Lösungsvariante zwei greift natürlich nur, falls doch das mangelnde Wissen (Wie schreibe ich gute Protokolle?) Ursache für den Zeitverzug ist. Selbstverständlich ist nicht alles schwarz-weiß. Manche würden vielleicht einwenden, dass „Schnelligkeit" auch ein Feature der KI-Software sein kann. Prinzipiell ist das richtig, es geht hier bei der Beschreibung der Lösung nicht darum, ob die Technologie schneller ist als bekannte Lösungen, sondern dass die Zielgruppe schneller ihren Zielzustand erreicht.

Gründer*innen aus der Wissenschaft stehen oft vor der Herausforderung, dass sie eine komplexe technologische Erfindung oder Lösung präsentieren müssen, die völlig neu ist und noch erklärt werden muss. Auch in diesem Fall kann ich dir nur empfehlen, deine Problembeschreibung nach dem oben vorgestellten Verfahren zu präsentieren. Wenn das Publikum deine Schlussfolgerungen nachvollziehen kann, wird es deiner Lösung zustimmen! Die Kunst liegt darin, die richtigen Wörter zu nutzen, die dein Publikum weder langweilen noch überfordern. Analogien oder Beispiele können dir behilflich sein, um komplexe wissenschaftliche Erkenntnisse zu vereinfachen.

Deshalb sollten deine wissenschaftlichen Ergebnisse und Lösungen so einfach wie möglich von dir erklärt werden. Denke an das Storytelling! Dein Publikum möchte keine Tabellen mit Messwerten oder Definitionen mit Fachterminologien lesen, es möchte verstehen, wie deine Lösung das vorhandene Problem löst! Und das solltest du mit einer allgemeinen und einfach verständlichen Sprache zum Ausdruck bringen.

Nutze dazu auf der Lösungs-Slide zur Unterstützung optische Elemente wie Icons, Symbole oder Bilder, welche die Vorteile deiner Lösung visuell hervorheben. Für die visuellen Elemente gibt es hier kein richtig und kein falsch. Aber bitte übertreibe es nicht mit den visuellen Elementen auf der Lösungs-Slide! Vielmehr solltest du dich auf den dramaturgischen Spannungsbogen konzentrieren und diesen nicht abreißen lassen.

Formeln für deine Problem-Lösung Beschreibung
Wenn sich das Puzzlebild beim Publikum vervollständigt, dann solltest du als kleine Zusammenfassung das Problem und die Lösung in einem Satz erklären können. Damit verankerst du das Problem-Lösungs-Thema beim Publikum nachhaltig, weil sie diesen Satz im besten Fall zu Hause wiederholen. Es gibt dazu verschiedene „Formeln", wie man diesen Satz aufbaut. In einem englischsprachigen Artikel auf Medium hat der Autor Gua (Gua Medium, 2021) die wichtigsten fünf „Sätze" zusammengefasst. Du wirst jeden Satz in seiner Ursprungsform und dann als Beispiel mit unserer KI-Software sehen.

1. Das Founder-Institute ist ein amerikanischer Startup-Inkubator und schlägt folgende Struktur vor:
[Dein Startup-Name] entwickelt [was ist dein Angebot?], um [wer ist deine Zielgruppe?] zu helfen, indem [Nennung des Problems] mit unserer [geheimen Zutat/Alleinstellungsmerkmal].
Beispiel: **Mein Startup** entwickelt ein **vollautomatisiertes KI-Tool für die Erstellung von Protokollen**, um Mitarbeitern mit vielen Meetings zu helfen, indem das **mühsame Abtippen während digitaler Meetings** durch unsere **präzise KI** ersetzt wird.
2. 500 Startups (Wikipedia, 2023) ist ein Frühphasen-Risikofonds und Seed-Accelerator, der 2010 von Dave McClure und Christine Tsai gegründet wurde und schlägt folgende Formel vor:
Wir lösen [Nennung des Problems], indem wir [Vorteil nennen], um [Nennung der Zielgruppe] dabei zu helfen, ihre [Ziel der Zielgruppe] zu erreichen. Für unsere Leistung verlangen wir [Nennung des Preises], damit unser/e [Kunde/n] [Beschreibung Nutzen] haben.
Beispiel: Wir lösen die **aufwendige Erstellung von Protokollen**, indem wir eine **KI-basierte Software** anbieten, um **Mitarbeitern in Unternehmen** zu helfen, **weniger Zeit für die Erstellung von Protokollen** zu verwenden. Für unsere Leistung verlangen wir eine **Abonnementgebühr von 9,90 € pro Monat pro Mitarbeiter**, die den **vollen Funktionsumfang unserer Software** beinhaltet.

3. Geoffrey Moore's[1] Value proposition Statement
Für [Zielgruppe], die [Was ist das Problem oder Chance?], löst unser [Produkt/Service] ihr Problem. Damit ermöglichen wir [Nennung Kundenvorteile].
Beispiel: Für **Mitarbeiter großer Unternehmen,** die **keine Zeit haben um ein Protokoll während eines digitalen Meetings** zu erstellen, löst unsere **KI-Software** das Problem. Damit ermöglichen wir unseren Kunden **hochwertige Protokolle mit geringem Zeitaufwand** zu erstellen.

4. Steve Blanks'[2] XYZ
Wir helfen X dabei, das Problem Y zu lösen, indem wir Z Vorteil verkaufen/anbieten.
Beispiel: Wir helfen **Mitarbeitern** dabei, das Problem **schlechter Protokolle** zu lösen, indem wir eine **KI-Software zur vollautomatischen Erstellung von Protokollen** verkaufen/anbieten.

5. What's the Deal?
Die Grundstruktur dieser Frage lautet wie folgt:

1. **Was verkaufst du…**
2. **…Wem…**
3. **…zu welchem Preis?**

Beispiel:
Unser Startup verkauft ein **vollautomatisiertes KI-System zur Erstellung eines Protokolls** für **Mitarbeiter*innen großer Konzerne,** die **wenige Zeit für die Erstellung haben**, für eine monatliche **Abonnementgebühr von 9,90 € pro Mitarbeiter.**

Ich habe dir jetzt ein paar Beispiele aufgezeigt, wie man sein Startup mit nur einem Satz auf den Punkt bringt. Dieser Satz ist nicht nur für das Pitch-Deck wichtig. Du kannst diesen Satz immer wieder bei Net-

---

[1] Geoffrey Moore ist ein amerikanischer Autor, Dozent, Berater und Venture Partner bei Wildcat Venture Partners und hat zahlreiche High-Tech Startups beraten.

[2] Steve Blank ist amerikanischer Unternehmer, Dozent und Autor und gilt als Erfinder der Lean Startup Methode

working-Events nutzen, wenn du gefragt wirst: „Und was macht Ihr Startup?"

Es lohnt sich also, den perfekten Satz für dein Startup auszuarbeiten. Finde für dich heraus, welcher Satz am besten zu dir und deinem Startup passt. Natürlich lassen sich die einzelnen Satzformeln kombinieren oder erweitern.

Fazit

Zusammenfassend geht es bei der Lösungs-Slide darum, dass du deine Lösung einfach und verständlich darstellst und dem Publikum klar wird, dass deine Lösung ein Must-have Problem behebt.

Nutze für deine Lösungs-Slide visuelle Mittel, wie zum Beispiel ein Bild deines Produktes, um nicht nur auf langweilige Stichpunkte zurückgreifen zu müssen. Eigene Grafiken oder tabellarische Auswertungen verleihen deiner Lösung den gewünschten Ausdruck und erzeugen beim Publikum Glaubwürdigkeit (Ethos). Überleg dir daher vorab, wie du deine Lösung vorstellen möchtest. Sie ist der Kern deines Pitchs und entscheidet darüber, ob du die gewünschte Förderung erhältst.

Den Abschluss deiner Lösungs-Slide vollendest du mit einer der vorgestellten Satzformeln, mit denen das Publikum sich dein Startup merken kann. Diesen Satz können du und deine Teammitglieder auch für spätere Networking-Events verwenden.

Scanne den nachfolgenden QR-Code und schau dir eine Lösungs-Slide an,.

https://ueberzeugendestartuppitches.de/loesung/

2.10.4 Die "Secret Source"- bzw. Technologie-Slide

Wenn du bisher alles richtiggemacht hast, dann ist der Spannungsbogen beim Publikum immer noch aufrecht. Jetzt möchten die Juroren wissen, *was* das Geheimnis und Besondere an deiner Lösung ist und *wie* es funktioniert. Die Frage nach dem *was* und nach dem *wie* sind die einleitenden Fragen für die Technologie-Slide.

In diesem Abschnitt erkläre ich dir, welche Informationen auf einer Technologie-Slide präsentiert werden. Gerade Wissenschaftler*innen oder Experten werden durch diese Slide dazu verführt, ihr Expertenwissen ausführlich darzulegen und damit das Publikum zu langweilen. Bevor ich dir das Geheimnis einer guten Technologie-Slide verrate, schauen wir uns an, was ich mit dem Begriff „Technologie" im Kontext eines Pitch-Decks meine.

Technologie ist mehr als nur Technik

Der Technologiebegriff hat sich im Laufe der Zeit mehrfach verändert. Allgemein versteht man unter dem Begriff „naturwissenschaftlich-technisches Wissen, welches die Grundlage für Produkte und Produktionsverfahren darstellt" (Wikipedia, 2021a, b, c). Diese naturwissenschaftlich-technische Definition werden wohl die meisten Menschen bestätigen, wenn man danach fragt, was unter dem Begriff „Technologie" verstanden wird. Dennoch ist diese Definition für unsere Zwecke zu einseitig und eingeschränkt.

Denke an die vielen Startups und Ideen, die ohne „naturwissenschaftliche-technische" Elemente ein Business erfolgreich aufgebaut haben. Wie z. B. das Startup Ankerkraut, das zahlreiche Gewürzmischungen ohne Geschmacksverstärker anbieten. Auf den ersten Blick hat das Produkt „Gewürzmischung" keine naturwissenschaftlich-technischen Elemente und dennoch erwirtschaftet das Unternehmen einen jährlichen Umsatz im zweistelligen Millionenbereich (Goldner, 2021).

Abb. 2.5 Unterschiedliche Auswahlmöglichkeiten von Technologien

In meinen mehr als 1000 Beratungsgesprächen, habe ich viele Gründer*innen auch aus den Geistes-, Sozial- und Humanwissenschaften beraten, die keine Bezugspunkte zum Technologiebetriff hatten. Das ist zumindest die Auffassung der Gründer*innen gewesen, bevor sie das Beratungsgespräch mit mir hatten. Lass mich erläutern, was die Gründe für den Meinungswechsel nach meinem Beratungsgespräch waren: Für mich ist der Technologiebegriff ein Synonym für eine Methode, ein Werkzeug, das zur Anwendung kommt, um von einem Ausgangszustand zu einem Zielzustand zu kommen (Kommt dir vielleicht vom Problembegriff bekannt vor). Die „Technologie" beschreibt daher das geheime Element (Secret Source) mit dem man von der Problembeschreibung zur Lösung kommt.

Kurzgesagt, ist die Technologie das Werkzeuges oder die Methode, um von einem Ausgangszustand (A) zu einem Zielzustand (B) zu kommen. Übrigens nutzt man im medizinischen Bereich den Begriff „Translation", um zu beschreiben, wie medizinische Forschungsergebnisse (A) in die Anwendung (B) kommen.

> **Beispiel**
>
> Damit es verständlich wird, möchte ich dir die unterschiedliche Bedeutung der Technologie anhand eines Beispiels verdeutlichen:
> Stell dir vor, du bist zu Hause und merkst, dass du kein Brot hast. Du musst also von deinem Haus (A) zur Bäckerei (B) fahren, um ein Brot zu holen. Dein Problem ist also „Hunger, und kein Brot mehr im Haus" und deine Lösung ist „Kauf eines Brotes vom Bäcker". Es stellt sich die Frage: *Wie* kommst du zum Bäcker? Mit welcher „Technologie"? Wie in Abb. 2.5 zu sehen, stehen dir unterschiedliche Wahlmöglichkeiten zur Verfügung: Du könntest zur Bäckerei gehen (0), oder mit deinem Skateboard (1) zum Bäcker fahren. Oder du nutzt eine weitere „Technologie"– einen E-Scooter (2). Vielleicht entscheidest du dich doch lieber für das Fahrrad (3). Oder wenn es schnell gehen soll, für das Motorrad (4) oder das Auto (5).

Wie du siehst, kannst du mehrere Technologien nutzen, um zur Bäckerei zu fahren. Jede Technologie hat ihre Vor- und Nachteile. Das Fahrrad ist zum Beispiel umweltfreundlicher als das Auto, aber vielleicht ist die Bäckerei zehn Kilometer entfernt und der Weg sehr mühsam.

Du merkst vielleicht an dieser Stelle, dass wir hier im Allgemeinen von Transportmöglichkeiten sprechen. Richtigerweise müssten wir noch Flugzeuge, Helikopter und unsere Beine als „Technologie" hinzuzählen. Übertragen auf den wissenschaftlichen Bereich, hat jede Disziplin ihre eigenen Technologien. Psychologen z. B. nutzen Fragebögen und Pädagogen didaktische Methoden als Technologien. Softwareentwickler nutzen Code und Ingenieure technische Verbesserungen.

Versuche deine Technologie zu identifizieren. Folgende Fragen helfen dir dabei:

1. Wie löst deine Technologie den Weg von A zu B?
2. Welche Methoden nutzt du in deiner akademischen Disziplin?
3. Gibt es zurzeit technologische Alternativen?
4. Wie viele Komponenten deiner Technologie hast du selbst entwickelt?

Nachdem wir das Verständnis des Technologiebegriffs geklärt haben, zeige ich dir, welche vier Elemente auf einer Technologie-Slide enthalten sein sollten.

Vier Optionen deine Technologie darzustellen
Deine „Secret Source" solltest du nun deinem Publikum auf dieser Slide präsentieren. Dazu stehen dir vier Optionen zur Verfügung, wie du diese Folie gestalten kannst (Harroch R. D., 2021). Du kannst in einem Pitch-Deck nicht alle vier Arten unterbringen, deshalb solltest du dich entscheiden, welche Art am besten zu deinem Publikum passt. Du darfst auf diesen Folien ins Detail gehen, solltest jedoch die Nutzung von Fachterminologien und Erklärungen nicht überstrapazieren.

Folgende Optionen stehen zur Verfügung:

1. Darstellung des technologischen Ursprungs
2. Intellectual Property (IP – dt. = geistiges Eigentum)
3. Alleinstellungsmerkmale der Technologie im Vergleich zum Stand der Technik
4. Technologische Wettbewerbsvorteile

Lass uns nun auf die vier Optionen etwas näher eingehen.

Darstellung des technologischen Ursprungs
Wenn du aus der Wissenschaft kommst, dann findet sich dein technologischer Ursprung in deinen Arbeitsergebnissen als Forscher*in wieder. Typisch für den Ursprung sind z. B. Promotions-, Master-, Bachelor- oder sonstigen wissenschaftlichen Arbeiten. Die Juroren interessieren sich nicht dafür, wer, wann, was gemacht hat, sondern vielmehr, wie „neu" deine Technologie im Vergleich zu bestehenden Alternativen ist. Bitte denke daran, dass Technologie als Lösung oder Werkzeug verstanden werden muss, wie man am besten von (A) nach (B) kommt.

Manche Technologien sind nicht einfach über Nacht entstanden, sondern begründen sich auf jahrelangen Forschungsaktivitäten. Du kannst die historischen Forschungsaktivitäten deiner Technologie ruhig aufzeigen, um dem Publikum zu verdeutlichen, dass bereits mehrere Jahre Forschung in deine Lösung geflossen sind. Zeige auch auf, welche Entwicklungen im Laufe der Zeit zu einem Mehrwert beigetragen haben. Die „Bewegung" bzw. „Traction" der Technologie soll dem Publikum einen Eindruck vermitteln, warum überhaupt an dieser Technologie geforscht worden ist.

Ziel deiner Darstellung muss es sein, mit der historischen Betrachtung deiner Technologie die Frage nach dem „Warum jetzt?!" zu beantworten. Viele Technologien sind nämlich nicht sofort produktfertig oder marktreif. Juroren und Investoren fragen sich immer wieder, warum gerade du, gerade jetzt, mit deiner Technologie erfolgreich werden möchtest. Was hast du herausgefunden, optimiert oder verbessert, was andere zuvor nicht gesehen haben? Du kannst deine Technologie auf dieser Slide im Kontext der historischen Betrachtung ruhig erklären und mit Schaubildern verdeutlichen. Wichtig ist immer wieder die Referenz, warum jetzt gerade die richtige Zeit dafür ist, die Technologie im Rahmen eines Startups zu verwerten.

Intellectual Property (=Geistiges Eigentum)
Intellectual Property, auf Deutsch das geistige Eigentum, entsteht während der Entwicklung der Technologie oder Idee. Der Begriff umfasst das gesamte Wissen, welches ein Startup oder eine Person besitzt, *wie* die Technologie eingesetzt und genutzt wird. Unterformen des geistigen Eigentums können zum Beispiel Patente, der Quellcode einer Software, Rezepte, Markenrechte oder Urheberrechte sein. Gerade für Wissenschaftler*innen spielen Patente eine wichtige Rolle, denn oft entstehen Erfindungen während der Forschungsaktivitäten zu einer bestimmen Fragestellung. Manchmal müssen auch neue Methoden oder Technologien entwickelt werden, um eine Fragestellung überhaupt beantworten zu können. Dadurch werden immer wieder neue Lösungsansätze entdeckt und erfunden. Ein Patent ist für das Startup deshalb so wichtig, weil es anderen die Nutzung seiner Erfindung untersagen kann und sich damit ein „Nutzungsmonopol" auf die Lösung sichert

> **Tipp** Falls du auf dem Gebiet von Patenten und Schutzrechten noch unerfahren bist, solltest du dich näher mit dem Thema beschäftigen, unabhängig aus welcher Disziplin du stammst. Dazu kannst du auch in meinen Podcast „Working With Startups From Science" reinhören, in dem ich zahlreiche Expertinnen und Experten zum Thema IP zu Wort kommen lasse. Du findest den Podcast auf allen gängingen Podcastplattformen.

Bei der Technologie-Slide ist die Information, ob du ein Patent angemeldet hast oder dieses bereits erteilt wurde von großer Bedeutung. Denn durch das Patent wird belegt, dass du der/die Erste bist, der diese neue Lösung anbietet. Zusätzlich entspricht ein Patent einem späteren finanziellen Asset des Startups, das in einer Unternehmensbilanz aufgeführt wird (immaterielle Vermögenswerte).

Des Weiteren möchten Juroren wissen, wie die künftige Entwicklung deiner Schutzrechtsstrategie aussehen wird. Wirst du weitere Patente anmelden? Sind weitere Entwicklungen geplant? Welche Vorkehrungen wirst du treffen, um deine Ideen und Erfindungen vor Nachahmern zu schützen? Wie schützt du das nicht patentierbare Wissen vor fremden Zugriff?

Wenn du keine Patente besitzt oder besitzen wirst, dann gehe darauf ein, welche Vorkehrungen du getroffen hast, dass dein geistiges Eigentum nicht einfach kopiert werden kann. Bei wissensbasierten Produkten oder Dienstleistungen hast du zum Beispiel die Möglichkeit, zumindest eine Markenanmeldung durchzuführen und dein Thema damit zu sichern.

Alleinstellungsmerkmale der Technologie im Vergleich zum Stand der Technik
Jede Lösung oder Technologie versucht, bestehende Lösungsansätze zu ersetzen oder zu verbessern. Die Verbesserung (=Mehrwert) muss größer sein, damit die potenzielle Zielgruppe dazu bewegt wird, die neue Technologie zu nutzen. Das Phänomen der „Wechselkosten" kennen wir von Messenger-Diensten wie zum Beispiel von WhatsApp. Zwar gibt es auf dem Markt Alternativen zu WhatsApp, dennoch wechseln die wenigsten Nutzer, weil nur wenige Freunde die alternativen Dienste

nutzen. Die Bereitschaft und Notwendigkeit zum Wechsel ist für den Nutzer zu gering. Deshalb ist deine Aufgabe, dem Publikum die Alleinstellungsmerkmale deiner Technologie zu erklären. Die Alleinstellungsmerkmale werden dabei immer auf eine spezifische Situation bezogen, in der die Merkmale ihre volle Wirkung entfalten können.

Grenze daher die Situation (Problembeschreibung) ein und zeige die deutlichen Alleinstellungsmerkmale auf, die sich durch deine Technologie ergeben. Ich empfehle eine tabellarische Darstellung der Alleinstellungsmerkmale wie in Tab. 2.2, bezogen auf die Transportmöglichkeiten.

Tab. 2.2 Tabelle 4: Technologievergleich

Technologie: Entwickelt wurden Hochleistungssolarpanels mit einem höheren Effizienzgrad **Problembeschreibung:** Im Haushalt wird festgestellt, dass Backwaren für das Abendessen fehlen. Die bevorzugte Bäckerei liegt 2,4 km vom Haushalt entfernt. Die Mitglieder im Haushalt leben nachhaltig und achten auf ihren ökologischen Fußabdruck **Startup Lösung:** Wir bieten einen elektrischen Scooter an, der sich mit Solarstrom aufladen lässt und für kurze Fahrtstrecken bis 5 km ausgelegt ist	
Alleinstellungsmerkmale der Technologie	E-Scooter (Deine Technologie im Produkt E-Scooter)
Patent	Weltweit erster E-Scooter, der in der Trittfläche leistungsstarke Solarpannels verbaut hat, die die Scooterbatterie während des Parkens in der Sonne selbstständig auflädt
Elektronische Komponenten	Leistungsstarke Elektronik, die ihm Rahmen von wissenschaftlichen Untersuchungen entwickelt und validiert wurden
Schnellere Ladezeiten	Unabhängig vom Einstrahlwinkel lädt das Solarpannel den Akku innerhalb von 30 min auf
Längere Fahrzeiten ohne zusätzliches Laden des Akkus	Die Fahrzeit des E-Scooters wird um bis zu 50 % verlängert, da während der Fahrt und beim Abstellen des Scooters keine externe Stromzufuhr zum Laden benötigt wird
…	…

Technologische Wettbewerbsvorteile
Nicht jede neue Technologie ist besser, als die am Markt vorherrschenden technologischen Lösungen (vgl. dazu auch die Wechselkosten im vorangegangenen Abschnitt). Deshalb ist es so wichtig, dass deine Technologie auf eine bestimmte Situation bezogen wird. In unserem Scooter-Beispiel wurde eine Technologie (Solarpanels) entwickelt, die einen viel besseren Wirkungsgrad erzielt. Was aber nicht verraten wurde, ist dass die Solarpanels zwar hocheffizient sind, aber im Moment nur kleinformatig angeboten werden können. Das bedeutet, dass die Technologie noch nicht so weit ist, um damit große Dächer auszustatten. Der Grund hierfür liegt im Produktionsprozess, der noch nicht auf große Solarpanels ausgelegt ist.

Deshalb wurde die Technologie auf „Transportmittel" und dann speziell auf E-Scooter übertragen, da sich die Trittfläche ideal für die Ausstattung mit kleinformatigen aber hocheffizienten Solarpanels eignet. Für die Wettbewerbsbetrachtung in Hinblick auf die Technologien eignet sich die ebenfalls eine tabellarische Ansicht. Bei dieser Tabelle kommentierst du aus deiner Sicht die Wettbewerbsfähigkeit im Vergleich zu deinen Alleinstellungsmerkmalen (Tab. 2.3).

Am Ende muss durch eine der vier Optionen klar werden, warum deine Technologie den besten Mehrwert bietet um ein Problem (A) zu lösen (B). Wurde die Technologie von dir selbst entwickelt erzeugt das Alleinstellungsmerkmale, die du für einen überzeugenden Auftritt nutzen kannst. Achte darauf, dass du die Darstellungen zum Technologiebereich nicht zu sehr mit Fachbegriffen überfrachtest.

Hier geht es zu einem Beispiel der Technologie-Slide:

https://ueberzeugendestartuppitches.de/secret-source/

Tab. 2.3 Wettbewerbsbetrachtung von Technologien

Alleinstellungsmerkmale der Technologie	E-Scooter (Deine Technologie im Produkt E-Scooter)	E-Elektrofahrrad	E-Auto
Patent	Weltweit erster E-Scooter, der in der Trittfläche leistungsstarke Solarpannels verbaut hat, die sich selbstständig aufladen	Viele Konzepte und Patente von unterschiedlichen Herstellern	Viele Konzepte und Patente von unterschiedlichen Herstellern
Elektronische Komponenten	Leistungsstarke Elektronik, die ihm Rahmen von wissenschaftlichen Untersuchungen entwickelt und validiert wurde	Robuste Elektronik, die in großer Stückzahl produziert werden kann	Robuste Elektronik, die in großer Stückzahl produziert werden kann
Schnellere Ladezeiten	Unabhängig vom Einstrahlwinkel läd das Solarpannel den Akku innerhalb von 30 min auf	Mit handelsüblichen 230 V aus der Steckdose	Nur mit speziellen Ladesäulen
Längere Fahrzeiten ohne zusätzliches Laden des Akkus	Die Fahrzeit des E-Scooters wird um bis zu 50 % verlängert, da während der Fahrt und beim Abstellen des Scooters keine externe Stromzufuhr zum Laden benötigt wird	Stromanschluss muss gesucht werden	Wallbox zu Hause oder Schnellladestation
Reichweite	~5 km	~100 km	~300 km

2.10.5 Die Markt-Slide

Nachdem du deine Technologie dem Publikum erklärt und das Must-have an deiner Lösung dargestellt hast, möchte das Publikum nun wissen, ob die Lösung von einigen Wenigen oder von ganz vielen Menschen genutzt werden wird. Ausgehend von der Problembeschreibung, wird abgeleitet, wie viele Personen das Problem haben und wie viele davon bereit wären, deine Lösung zu nutzen. Da kein Juror und auch keine Investoren deinen Annahmen einfach so Glauben schenken werden, musst du deine Aussagen mit Beispielen und Marktdaten belegen (Logos).

Die Marktfolie wird zum Erfolg, wenn deinem Publikum klargeworden ist, warum gerade jetzt der richtige Zeitpunkt gekommen ist, das Problem mit deinem Produkt oder Service zu adressieren (Time to Market). Zusammenfassend sollten folgende Dimensionen auf der Market-Slide zu finden sein:

1. Dimension Zeit: Time-to-Market (Warum jetzt?)
2. Dimension Notwendigkeit: Warum gerade diese Lösung?
3. Dimension Marktbedarf: Handelt es sich um einen Massen- oder Nischenmarkt?

Lass uns die Markt-Slide etwas genauer ansehen. Investoren und Geldgeber möchten auf der Markt-Slide sehen, ob du den Markt richtig einschätzen kannst und ob der richtige Zeitpunkt für ein Investment bzw. für eine Förderung vorliegt. Folgende Fragen spielen für dich und die Jury eine wichtige Rolle:

- In welcher Phase befindet sich der Markt momentan? (Wachstum oder Stagnation?)
- Wie groß ist die potenzielle Kundengruppe?
- Wie wird der Marktzugang eingeschätzt?
- Handelt es sich um einen kompetitiven Markt mit vielen Mitbewerbern oder einen Markt mit wenigen Wettbewerbern?

Deine Aufgabe besteht nun darin, die Juroren davon zu überzeugen, dass sie mit dir und deinem Startup „auf das richtige Pferd" setzen, indem du die prognostizierten Umsatzpotenziale und Marktanteile deines Startups berechnest.

Dazu solltest du genügend Datenmaterial sammeln und deine Aussagen auf den Slides mit Fakten belegen (Logos). In der Regel findest du bei Statista, dem Statistischen Bundesamt, Geschäftsberichte von Aktiengesellschaften, einer Keyword-Recherche oder einer allgemeinen Recherche mit einer Suchmaschine gute Marktdaten.

Bitte beachte bei der Datensammlung (=Marktrecherche), dass du nicht zu viel Zeit für die Recherche einplanen solltest. In der Regel sollte eine Marktrecherche nicht länger als einen Tag dauern. Viele Wissenschaftler*innen beginnen mit großem Eifer die Marktrecherche, bis sie feststellen, dass es keine eindeutigen Daten gibt. Es wird vorkommen, dass Studien zu unterschiedlichen Schlüssen kommen oder die Berechnungsgrundlage der Daten nicht immer passend ist. Das liegt daran, dass Marktstudien lediglich Prognosen abgeben und jede Studie aus unterschiedlichen Hintergründen erstellt worden ist. Eine 100 %ige Datensicherheit wirst du nicht finden. Deshalb sollte dein Anspruch sein, dass du genügend Daten gewinnst, um dem Publikum ein Gefühl für den Markt zu vermitteln. Es reicht, wenn du mehrere Quellen vergleichst, die eine ähnliche Richtung des Marktes prognostizieren.

> **Tipp**
>
> Damit du nicht zu viel Zeit verlierst, hier meine vier Tipps für die Marktrecherche:
>
> 1. Definiere, welchen Markt du dir anschauen möchtest (Onlinehandel, Medizintechnik, Maschinenbau, etc.)
> 2. Notiere dir alle deine Fragen, die du hast, bzw. beantworten möchtest bevor du die Recherche beginnst (z. B. Wie viele produzierende Unternehmen gibt es in der Branche X? Wie viel Umsatz macht der größte Player im Markt?)
> 3. Setze dir ein zeitliches Limit für die Beantwortung dieser Fragen (z. B. nur einen halben Tag Recherche)
> 4. Fasse deine Ergebnisse und Erkenntnisse kurz zusammen oder bereite sie für dein Team auf.

2 Produce! – Das Pitch-Deck zum Herzstück deines Vortrages ...

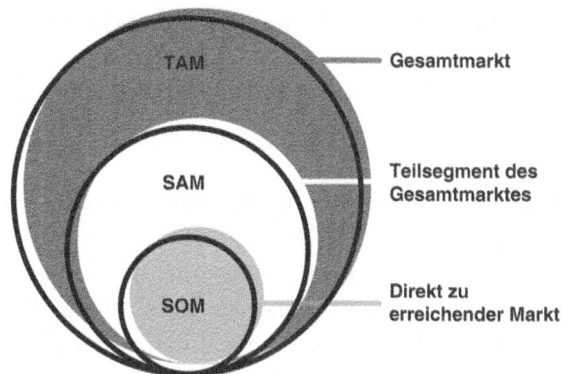

Abb. 2.6 Kreise des TAM, SAM, SOM

Wenn du alle Fragen beantwortet hast und die Daten vorliegen, möchten wir dem Publikum das Ergebnis präsentieren. In der Vergangenheit hat sich als gängiges Verfahren die Darstellung der drei Marktpotenziale, wie folgt etabliert: die TAM (Total Available Market), SAM (Serviceable Available Market) und SOM (Service Obtainable Market) Darstellung (The Businessplan Shop, 2021) (Abb. 2.6).

- TAM = Total Available Market und meint die prognostizierte Gesamtnachfrage nach deinem Produkt oder Service
- SAM = Serviceable Available Market und meint ein Teilsegment des TAM, den du durch deine geografische Lage am besten und schnellsten erreichen kannst. (z. B. du startest mit dem Verkauf in Deutschland und später in anderen europäischen Ländern)
- SOM = Serviceable Obtainable Market ist der Anteil von SAM, den du direkt vor Ort und sofort erreichen kannst (z. B. in deiner Stadt oder in der Fußgängerzone)

So könnten zum Beispiel das Marktpotenzial für den E-Scooter mit Solarpanels aussehen:

- TAM = Anzahl an Nutzern die elektrische Transportmöglichkeiten nutzen (E-Scooter, E-Autos, E-Fahrräder, etc.)

- SAM = Anzahl an Nutzern die weniger als 10 km mit elektrischen Transportmitteln zurücklegen.
- SOM = Anzahl an Nutzern, die auf ihrem Weg keine Lademöglichkeit besitzen.

Häufig werde ich von Wissenschaftlern danach gefragt, wie genau die Zahlen und Belege zu den Marktdaten sein sollen. Bedenke immer, dass es sich bei deiner Marktbetrachtung um Annahmen handelt und niemand die Zukunft genau vorhersagen kann. Auch die Daten, die du im Internet findest, können sich manchmal widersprechen oder zu ungenau sein. Deshalb hast du die Aufgabe, auf der Market-Slide den Juroren eine logische Herleitung (Logos) zu präsentieren, die auch nachvollziehbar ist, wie groß dein Markt bzw. deine Zielgruppe ist. Für die logische Herleitung kommt es darauf an, wie deine Lösung aussieht und wen du damit adressieren möchtest. Es ist daher wichtig, dass du ein „Gefühl" für die Marktdaten entwickelst, damit du sie realistisch und logisch mit den vorhandenen Informationen darstellen kannst.

Übertrage nun die Analogie des Beispiels auf dein eigenes Startup, Produkt oder Dienstleistung. Dazu helfen dir folgende Fragen:

1. Welchen Gesamtmarkt möchtest du bedienen? Wie viele potenzielle Gesamtkunden gibt es? (TAM)
2. Wo „findest" du deine potenziellen Kunden? Welche Einschränkungen gibt es hinsichtlich Regionalität und Verfügbarkeit? (SAM)
3. Wenn du deine Kunden gefunden hast, nach welchen Merkmalen identifizierst du deine Zielgruppe? (SOM)

Die TAM, SAM, SOM werden oft auch als Kreise dargestellt. Wenn du den nachfolgenden QR-Code scannst kannst du sehen, wie die Darstellung auf der Markt-Slide aussehen kann.

https://ueberzeugendestartuppitches.de/markt/

2.10.6 Die Wettbewerbs-Slide

Die Wettbewerbs-Slide hat das Ziel, deinem Publikum einen Einblick über die Konkurrenzsituation im Markt zu geben. Das Publikum interessiert, ob du der einzige Anbieter auf dem Markt mit deiner Lösung bist, ob du starke Konkurrenten hast oder ob der Markt mit vielen kleineren Wettbewerbern übersät ist.

Warum ist das Wissen über die Wettbewerbsbetrachtung für Juroren so wichtig? Juroren und Investoren können auf Grundlage der Wettbewerbsbetrachtung abschätzen, wie aufwendig es sein wird, den Markt zu dominieren. Stelle dir vor, dass du in einen Markt eintreten möchtest, der nur von zwei Anbietern dominiert wird. Du kannst dir sicherlich vorstellen, dass es extrem schwer sein wird, Marktanteile von beiden Wettbewerben zu gewinnen.

Die beiden Konkurrenten werden alles dafür tun, den Markt so klein wie möglich – bezogen auf die Anbieter – zu halten. Du kannst diesen Markt nur dann einnehmen, wenn du eine überaus disruptive und innovative Lösung anbietest, damit die aktuellen Kunden deiner Konkurrenz zu dir wechseln. Bekanntes Beispiel ist Elon Musk mit Tesla. Der Automobilmarkt bestand aus Traditionsmarken und lies nur wenige disruptive Innovationen zu. Tesla mit seinen Voll-elektrischen Autos ging dabei einen komplett neuen Weg und musste sich lange Zeit gegenüber etablierten Autoherstellern positionieren.

In einem stark fragmentierten Markt mit vielen Anbietern, hast du im Gegensatz dazu, viel größere Herausforderungen als Unternehmen

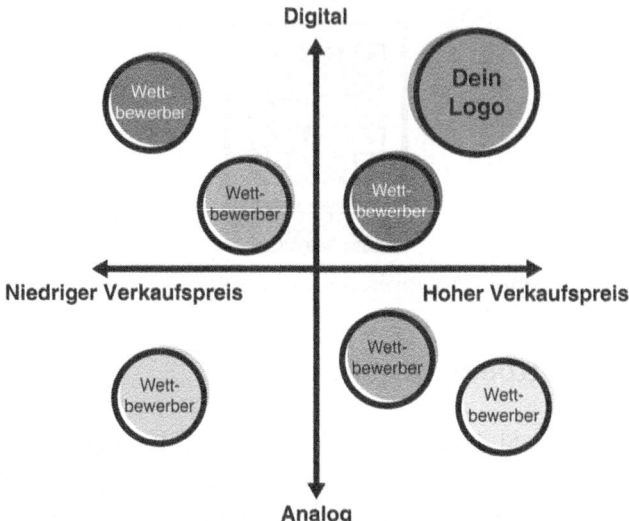

Abb. 2.7 Matrix-Wettbewerbsbetrachtung

bekannt zu werden. Das bedeutet im Umkehrschluss, dass du eine überzeugende Go-to-Market-Strategie mit selbsterklärenden Alleinstellungsmerkmalen deines Produktes benötigst, um dich von deinen Wettbewerbern abzuheben.

In beiden Fällen versuchen Investoren und Juroren mit der Wettbewerbsbetrachtung die Kosten abzuschätzen, die investiert werden müssen, um an die Spitze des Marktes zu gelangen. Damit du den Juroren ein umfassendes Bild der Wettbewerber zeigen kannst, empfehle ich dir eine der beiden Darstellungsweisen für die Wettbewerbsbetrachtung zu nutzen (Abb. 2.7: Matrix-Wettbewerbsbetrachtung):

1. Wettbewerbsbetrachtung mithilfe einer „MATRIX"

Die Wettbewerbsmatrix versucht den Markt in vier Felder einzuordnen. Die X-Achse (horizontale Linie) und die Y-Achse (senkrechte Linie) werden mit Werten definiert, die immer eine Gegensätzlichkeit enthalten. Du könntest beispielsweise folgende Kriterien benutzen: Digital – nicht digital, Qualität hoch – Qualität niedrig; Teuer – Billig oder andere Eigenschaften. Das Wichtigste bei dieser Darstellung ist, dass

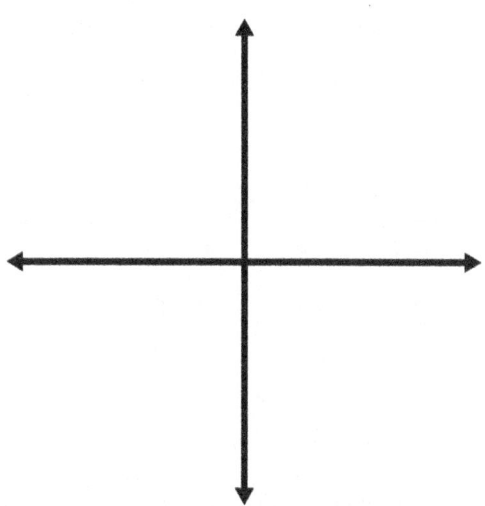

Abb. 2.8 Übung: Wettbewerbsbetrachtung

dein Startup-Logo direkt ins Auge fällt und dem Publikum klar wird, dass deine Lösung einfach die Beste im Markt ist.

Nutze die Grafik in Abb. 2.8 und trage gleich deine wichtigsten Wettbewerber ein.

2. Tabellarischer Vergleich deines Produktes mit Konkurrenzprodukten

Wenn dein Produkt bessere Features und Alleinstellungsmerkmale besitzt als die Konkurrenz, dann solltest du das auch zeigen. Am besten funktioniert an dieser Stelle eine tabellarische Aufzählung. Du kennst diese Art der Darstellung bereits vom Technologievergleich. In dieser Tabelle konzentriert man sich aber stärker auf die Produkteigenschaften und Alleinstellungsmerkmale, die vom Kunden wahrgenommen werden (Tab. 2.4).

Wichtig ist dabei, dass du dein Produkt im besten Licht darstellst und die Vorteile auch visuell sichtbar dargestellt werden. Du kannst selbstverständlich die Signalfarben grün und rot verwenden und dadurch das Publikum direkt auf die Vorteile aufmerksam machen.

Tab. 2.4 Tabellarische Gegenüberstellung deines Produktes mit Konkurrenzprodukten

Alleinstellungsmerkmale und Features des Produktes	Solar-E-Scooter	E-Scooter von Prime	E-Scooter von Vogel
Patent	Weltweit erster E-Scooter, der in der Trittfläche leistungsstarke Solarpannels verbaut hat, die sich selbstständig aufladen	Viele Konzepte und Patente von unterschiedlichen Herstellern	Viele Konzepte und Patente von unterschiedlichen Herstellern
Elektronische Komponenten	Leistungsstarke Elektronik, die ihm Rahmen von wissenschaftlichen Untersuchungen entwickelt und validiert wurde	Robuste Elektronik, die in großer Stückzahl produziert werden kann	Robuste Elektronik, die in großer Stückzahl produziert werden kann
Schnellere Ladezeiten	Solarpannel lädt den Akku innerhalb von 30 min auf	Je nach Akkugröße unter 60 min	Je nach Akkugröße unter 60 min
Längere Fahrzeiten ohne zusätzliches Laden des Akkus	Die Fahrzeit des E-Scooters wird um bis zu 50 % verlängert, da während der Fahrt und beim Abstellen des Scooters keine externe Stromzufuhr zum Laden benötigt wird	Stromanschluss muss gesucht werden	Stromanschluss muss gesucht werden
Lademöglichkeiten	Unabhängig vom Einstrahlwinkel wird der Akku geladen	230 V Steckdose	230 V Steckdose

(Fortsetzung)

Tab. 2.4 (Fortsetzung)

Alleinstellungsmerkmale und Features des Produktes	Solar-E-Scooter	E-Scooter von Prime	E-Scooter von Vogel
Gewicht	1,8 kg – da kleiner Akku trotz größerer Reichweite	2,8 kg	2,9 kg
CO2-Neutral	ja	Je nach produziertem Strom	Je nach produziertem Strom
Reichweite	~50 km	~30 km	~30 km

Die Konkurrenzprodukte deine Mitbewerber stellst du am besten in einer kleinen Tabelle übersichtlich dar. Beginne zuerst mit der äußersten linken Spalte. In dieser Spalte definierst du zunächst alle deine Alleinstellungsmerkmale und Features, die dein Produkt oder Service besitzt. Wenn du im Vorfeld ein Business-Model-Canvas aufgefüllt hast, dann findest du in vielen Fällen die Alleinstellungsmerkmale und Features für diese Tabelle bei der Value Proposition. Die nächste Spalte bezeichnest du mit dem Namens des ersten Mitbewerbers und dessen Produkt. Du untersuchst nun Zeile für Zeile die von dir definierten Alleinstellungsmerkmale und Features und vergleichst diese mit dem Produkt des Mitbewerbers. Erweitere die Spalten so oft, wie es Mitbewerber mit ähnlichen Produkten gibt. Im besten Fall sollten alle Alleinstellungsmerkmale und Features deines Produktes im Vergleich besser abschneiden, als die deiner Mitbewerber.

Das Beispiel einer Wettbewerbsslide findest du hier:

https://ueberzeugendestartuppitches.de/wettbewerb-slide/

2.10.7 Die Geschäftsmodell-Slide

Wie garantierst du die Wirtschaftlichkeit (Viability) deines Startups? Dein Geschäftsmodell ist für viele Jurymitglieder bei einem Wettbewerb einer der wichtigsten Ansätze, um das Potenzial deiner Idee einschätzen zu können. Aber auch überall dort, wo Fördermittelgeber eine „Anschubfinanzierung" geben, möchte man, dass sich die geförderten Projekte nach der Förderzeit selbstständig tragen können. Besonders bei EU-Förderprogrammen und Programmen der Bundesministerien und Stiftungen, sind Wirtschaftlichkeitsbetrachtungen von großem Interesse.

Um deine Chancen auf einen Sieg bei einem Pitching-Event zu steigern, sind Ausführungen zum Geschäftsmodell in dieser Hinsicht entscheidend. Denn mit dem Geschäftsmodell möchte das Publikum verstehen, wie du Geld verdienst. Dabei spielen zwei Faktoren eine wichtige Rolle. Zum einen der „Kanal" (engl. Stream) wie das Geld und deine Umsätze in dein Startup kommen und zum anderen für welchen Preis. Die Frage zu den Kanälen hat bereits die Universität St. Gallen wissenschaftlich untersucht. Sie hat 55 Geschäftsmodelle (Business Model Navigator, 2021) isoliert und beschrieben, wie Unternehmen weltweit ihre Geschäftsmodelle aufgebaut haben. Dazu zählen bekannte Modelle wie das „Razor & Blade" (Rasierer und Klinke) „Subscriptions" (Abonnements) oder „Freemiummodelle" (kostenlose Testversionen) die nach der Testphase monetarisiert werden.

An dieser Stelle hast du als Gründer*in zwei Möglichkeiten:

1. Du beobachtest bei deinen Mitbewerbern, wie das Geschäftsmodell aufgebaut wurde und orientierst dich danach. Das hat den Vorteil, dass deine Kunden den Verkaufskanal bereits kennen und ihn akzeptieren. Hast du z. B. eine komplexere Software programmiert (wie unsere Protokoll KI), macht es Sinn, dass deine zukünftigen Kunden die Software vor dem Kauf zum Beispiel ausprobieren können.
2. Du integrierst eine Geschäftsmodellinnovation. Das bedeutet, dass du zu deinem neuen und innovativen Produkt, auch ein neues Geschäftsmodell anbietest. Zum Beispiel bietest du deine Software

nicht mehr zum Einmalkauf, sondern nur noch als Subscription-Modell an. Das Risiko bei der Einführung einer Geschäftsmodellinnovation besteht darin, dass deine potenziellen Kunden diesen Zahlungsstrom nicht akzeptieren.

Grundsätzlich musst du am Anfang nichts in Stein meißeln. Ich habe schon oft Gründer*innen betreut, die beim Aufbau des Startup-Business mehrmals das Geschäftsmodell gewechselt haben. Behalte deshalb deine Kunden und dein Geschäftsmodell im Blick.

Hier gelangst du zu einer Übersicht der Geschäftsmodelle. Schau dir die verschiedenen Modelle an und lass dich für dein Startup inspirieren.

https://ueberzeugendestartuppitches.de/50-geschaeftsmodelle/

Der zweite Faktor, der für die Darstellung des Geschäftsmodells wichtig ist, ist die Benennung des Preises. Viele fragen mich, wie man den richtigen Preis für sein Produkt/Service ermittelt und gerade Gründer*innen fällt es schwer, eine konkrete Preisangabe für ihr Produkt oder Service zu nennen. Auch wenn du nicht weißt, wie der exakte Preis in Zukunft für dein Produkt oder Service sein wird, solltest du dennoch einen Preis nennen bzw. dem Publikum eine Vorstellung davon geben, in welchen Preiskategorien (Massenmarkt = günstiger Verkaufspreis oder Luxussegment = hoher Verkaufspreis) du dich mit deinem Produkt bewegst. Die Nennung eines Preisrahmens bzw. einer Preisannahme sind in Ordnung, wenn du zum Zeitpunkt der Slide-Erstellung die Preisfrage nicht beantworten kannst.

Nachfolgend möchte ich dir drei Schritte vorstellen, wie du dich an einen möglichen Verkaufspreis annäherst. Das dreistufige Preisermittlungsmodell für Wissenschaftler*innen (vgl. Kajdas, 2020) beschreibt ein Annäherungsverfahren für innovative Produkte und Dienstleistungen, die es bisher am Markt noch nicht gibt.

Schritt 1 der Preisermittlung: Analyse der Unternehmensvision
- Was ist die Vision des Unternehmens?
- Was möchte man mit dem Verkauf der Produkte und Dienstleistungen erreichen?
- Ist ein Massenprodukt geplant?
- Wird die Dienstleistung für jeden Kunden individuell angepasst?

Hinter diesen Fragen verbirgt sich mehr als nur eine kurze Antwort. Denn zunächst muss eine grobe Vorstellung davon entwickelt werden, wohin die Reise mit dem eigenen Unternehmen gehen soll. Diese Fragen beantwortest du auch im Analyze-Teil und sollten deshalb von dir sorgfältig beantwortet werden.

Im Pitch-Deck kannst du für diese Fragestellung auch eine eigene Slide verwenden. Füge diese Slide aber nur dann ein, wenn es gefordert wird oder die Juroren wissen möchten, wie es mit deinem Startup weitergehen soll.

Für die Preisannäherung ist die Vision deshalb so wichtig, weil sie die Handlungsstrategie deines Startups definiert. Planst du z. B. mit deinem Startup einen schnellen und erfolgreichen Exit, dann müssen viele Marktanteile in relativ kurzer Zeit gewonnen werden. Steht dagegen das organische Wachstum (Unternehmenswachstum aus eigener Kraft) im Vordergrund, macht womöglich ein hoher Verkaufspreis Sinn. In beiden Fällen gibt die Unternehmensvision die Richtung für die Preisstrategie vor. Bist du dir an dieser Stelle unsicher, welche Vision du oder dein Startup hat, dann blättere nochmal zum Analyze-Teil zurück und wiederhole die IKIGAI Übung.

Abgeleitet aus der Unternehmensvision ergeben sich zwei wesentliche Preisstrategien:

1. **Abschöpfungs- bzw. Skimmingstrategie:** Bei dieser Strategie wählt man bei der Markteinführung einen hohen Verkaufspreis, der dann mit der Zeit schrittweise gesenkt wird.

2. **Penetrationsstrategie:** Bei dieser Strategie wählt man einen niedrigen Einführungspreis, um schnell Marktanteile zu gewinnen, mit dem Ziel, sich damit im Markt zu positionieren. Später kann der Preis gegebenenfalls schrittweise erhöht werden.

Die Abschöpfungs- oder Penetrationsstrategie haben ihre Vor- und Nachteile. Sie sollten deshalb individuell mit der Vision, dem Geschäftsmodell und der gesamten Planung des Startups korrelieren. Dennoch legen diese Strategien erstmal keinen konkreten Verkaufspreis fest. Vielmehr entscheiden diese allgemeinen Strategien, ob man mit einem hohen oder einem niedrigen Preis startet.

Schritt 2: Nutzung von Preisfindungsmethoden
Nachdem die Entscheidung für die Skimming- oder Penetrationsstrategie getroffen worden ist, gibt es drei klassische Preisfindungsmethoden, die ich in der Praxis mit Wissenschaftlern nutze:

1. **Preisfindung durch den kostenorientierten Ansatz:**
   Bei der kostenorientierten Preisfindung geht man von den Herstellungs-, Produktions- oder Materialkosten aus, die eingesetzt werden müssen, um eine Einheit des Produkts oder der Dienstleistung herzustellen. Fixe Kostenparameter, welche monatlich in gleicher Höhe anfallen, wie beispielsweise Mietkosten oder Personalkosten, werden bei diesem Schritt nicht berücksichtigt, weil die Absatzmenge noch unbekannt ist. Trotzdem empfehle ich verschiedene „Absatzszenarien" (Best-Case, Worst-Case) zu schätzen und durchzurechnen, damit man ein Gefühl für die Preisgestaltung erhält.
2. **Preisfindung durch eine wettbewerbsorientierte Technologieanalyse:**
   Im nächsten Schritt der Preisannäherung vergleichst du bereits am Markt erhältliche Wettbewerbstechnologien mit der eigenen Lösung. Mit Wettbewerbstechnologien sind Lösungen (= Produkte und Dienstleistungen) gemeint, die ein potenzieller Kunde zurzeit am Markt erwerben kann, um sein Problem zu lösen.

Daher ist es wichtig zu hinterfragen, zu welchem Preis die aktuellen Produkte oder Dienstleistungen vom Wettbewerber verkauft werden, die das Problem mit einer bewährten und ggf. vom Kunden anerkannten Technologie lösen. Was ist der niedrigste und was der höchste Preis am Markt für diese Lösung?

Die wettbewerbsorientierte Technologieanalyse gibt erste Anhaltspunkte für einen Preisrahmen und die damit verbundene Zahlungsbereitschaft des potenziellen Kunden, im Hinblick auf verfügbare Lösungen. Wie viel ist der Kunde bisher bereit, für die Lösung seines Problems zu zahlen?

3. **Preisfindung durch einen wertbasierten Ansatz:**

Der letzte Ansatz geht von dem (Mehr-)Wert aus, dass dein Produkt oder deine Dienstleistung erzeugt. In der Regel handelt es sich um Alleinstellungsmerkmale wie Einsparungen, Zeitverbesserungen oder zusätzliche Absatzmöglichkeiten, die dein Produkt oder Dienstleistung für den potenziellen Kunden attraktiv macht.

Wenn dein Produkt bzw. deine Lösung ein Produktionsverfahren um zehn Prozent beschleunigt, dann stellt sich die Frage, wie viel Mehrwert diese Produktionsbeschleunigung für den Kunden ausmacht. Kann der Kunde dadurch Zeit sparen? Braucht er künftig weniger Personal? Kann er durch eine Beschleunigung von zehn Prozent seine Absatzmenge steigern?

Alle positiven Effekte dieser zehn Prozent Beschleunigung kann man zusammenzählen, um den Wert der Beschleunigung auszudrücken. Du wirst aber das Problem haben, dass du nur Schätzungen vornehmen kannst, weil dir der transparente Einblick beim Kunden meistens verwehrt wird.

Schritt 3: Realitätscheck der Preisannahme

Im dritten und letzten Schritt werden die Preisannahmen mit der potenziellen Zielgruppe überprüft. Im besten Fall liegt schon eine genaue Beschreibung der Zielgruppe, also eine Kundenbeschreibung vor. Du versuchst dann konkrete Preise bei der Zielgruppe durchzusetzen. Hierbei gilt Folgendes zu unterscheiden: **Kunden** sind diejenigen Personen, die für das Produkt oder die Dienstleistung *zahlen*.

Nutzer sind wiederum Personen, die das Produkt oder die Dienstleistung nicht kaufen aber dennoch *nutzen*.

Diese Unterscheidung zwischen **Kunden** und **Nutzern** muss beachtet werden, damit die Verkaufspreisannahme auch mit der richtigen Zielgruppe getestet wird. In einigen Geschäftsmodellen kann es vorkommen, dass Endkonsumenten Nutzer und Kunden zugleich sind. In diesem Fall wird keine Unterscheidung vorgenommen und nur eine Kundenbeschreibung erstellt.

Auch hier gilt die Devise: Nichts ist in Stein gemeißelt! Da dein Produkt oder Dienstleistung meistens sehr neu ist und keine vergleichbaren Wettbewerber am Markt aktiv sind, kannst du leichter hohe Preise rechtfertigen. Als Unternehmer*in muss es das Ziel sein, eine Balance zwischen der Menge und dem Preis zu finden, um deine Gewinne zu maximieren.

Auf der Geschäftsmodell-Slide kannst du mit den vorgestellten Methoden, deine Preisannahmen rechtfertigen und plausibilisieren. Das hilft dir, Logos und Ethos auf dieser Slide zu verknüpfen und damit die Juroren von der Wirtschaftlichkeit deines Vorhabens zu überzeugen.

Scanne den nachfolgenden QR-Code, um dir ein Beispiel einer Geschäftsmodell-Slide anzuschauen.

https://ueberzeugendestartuppitches.de/traction/

2.10.8 Die Go-To-Market-Slide

Die Go-To-Market-Slide ist für alle Gründerteams, die bereits etwas weiter fortgeschritten sind und ein konkretes Produkt oder einen Service anbieten. Wenn du den Juroren das Problem erklärt hast und dein Produkt als Lösung präsentierst, möchten viele wissen, welche Strategie du verfolgst, um im Markt neue Kunden und Marktanteile zu gewinnen. Startups-Teams, die noch keine konkreten Produkte anbieten, zeigen Juroren einen fiktiven Weg, wie sie eine definierte Zielgruppe erreichen möchten. Es ist vollkommen in Ordnung, wenn du als Early-Stage Startup noch nicht genau weißt, wie du exakt vorgehen wirst. Dennoch kann man anhand deines Plans abschätzen, wie effizient dein Ansatz ist, neue Kunden zu gewinnen.

Die Go-to-Market-Slide folgt nach der Darstellung des Marktes sowie der Wettbewerber in deinem Pitch-Deck. Bisher fehlt dem Publikum die Kundenbetrachtung als wichtiges Puzzleteil. Denn Märkte sind abstrakt, aber einen potenziellen Kunden (Personabeschreibung) kann sich das Publikum einfacher vorstellen. Deshalb brauchst du für die Go-to-Market-Slide eine gute Kundenbeschreibung sowie eine Beschreibung, WIE du diese Kunden erreichen wirst.

Wie eine Personabeschreibung erstellt wird
Mit einer Personabeschreibung, wird ein Bild eines fiktiven Kunden gezeichnet, den man für sein Business identifiziert hat. Die Beschreibung entspricht einer Charakterisierung des Kunden. In den folgenden Absätzen werde ich dir zeigen, wie man eine Personabeschreibung erstellt und welche Informationen für Juroren und Investoren wichtig sind.

Eine Zielgruppe ist, wie bereits erwähnt, ziemlich abstrakt und für Juroren schwer vorstellbar. Viel einfacher ist es, wenn aus der großen Zielgruppe einzelne Personen dargestellt werden, die bestimmte Eigenschaften oder Merkmale haben. Die beispielhafte Beschreibung eines potenziellen Kunden nennt man Persona. Die Personabeschreibung repräsentiert die Bedürfnisse, Ziele, Wünsche, Eigenschaften und Merkmale einer Zielgruppe. Und mit diesem Wissen, lassen sich konkrete Marketingmaßnahmen entwickeln und optimal auf die Zielgruppe zuschneiden.

In der Beratungspraxis arbeite ich am liebsten mit der Empathy Map Canvas von Dave Gray (Gray, Medium 2021, siehe Abb. 2.9).

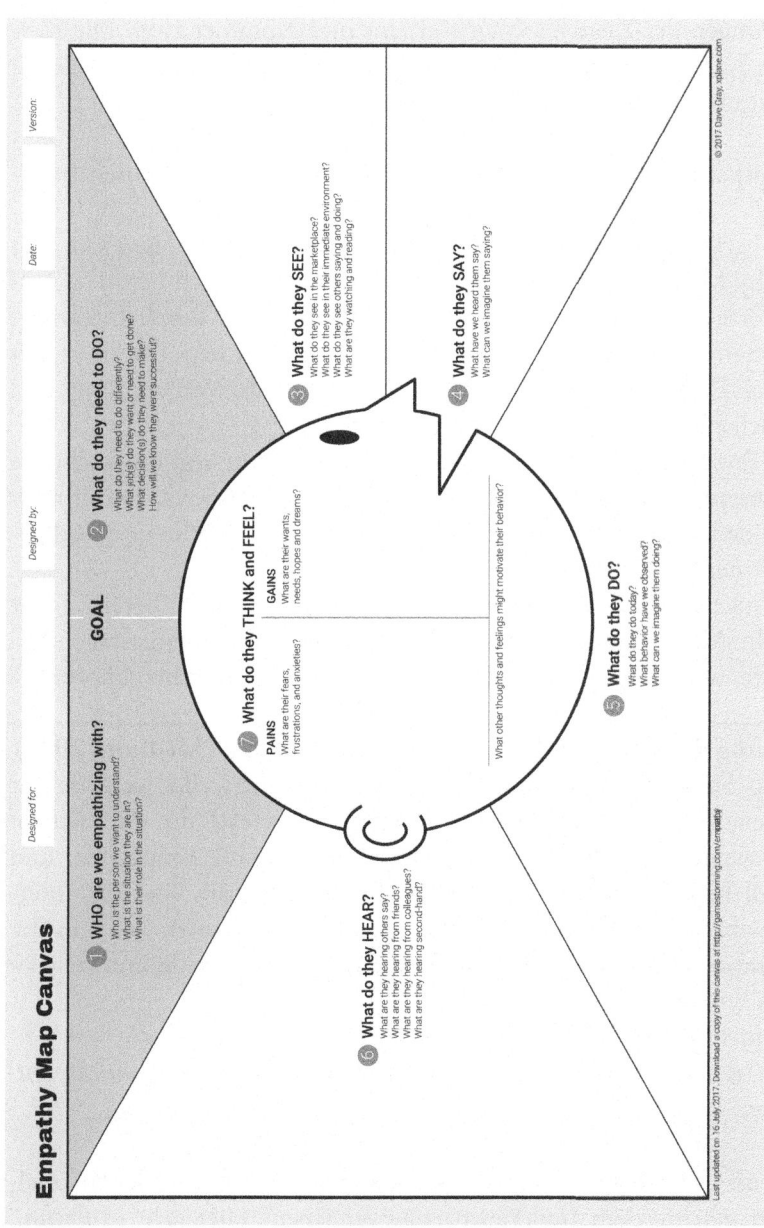

Abb. 2.9 Empathy Map Canvas von Dave Gray

Was ich bei dieser erweiterten Empathy Map besonders mag, sind die Ergänzungen der Ziele bei Nummer eins und Nummer zwei. Die Zielsetzung hilft der/m Ausfüller*in, sich nochmal klarzumachen, welchen Kontext und Zweck die Befragung hat.

Die Empathy Map Canvas als Vorbereitung für Zielgruppen-Interviews
Gleich erfährst du, welche Bedeutung die einzelnen Bereiche der Empathy Map Canvas haben. An dieser Stelle möchte ich betonen, dass die Informationen auf der Empathy Map Canvas nur durch Interviews der betreffenden Zielgruppe ermittelt werden können. Damit eignet sich die Empathy Map Canvas hervorragend als Vorbereitung und Gesprächsprotokoll deiner Zielgruppenbefragung.

Am Ende fügst du alle Einzelgespräche zusammen und ermittelst die Gemeinsamkeiten und Überschneidungen der Interviews. Du erhältst dann eine konkrete und genau Beschreibung der Wünsche und Bedürfnisse deiner künftigen Kunden.

Im nächsten Kapitel erkläre ich dir die einzelnen Bereiche der Empathy Map Canvas und zeige dir anhand der bereits vorgestellen KI-Software, wie potenzielle Antworten der Zielgruppe aussehen könnten.

Erklärung der sieben Empathy Map Bereiche (Gray, Medium, 2021)
Erstens: Starte mit dem Zielbereich. Hier definierst du wer von dir interviewt wird und in welcher Situation (Kontext) du mit deinem Interviewpartner sprichst. Du notierst dir alle dir möglichen und zugänglichen demografischen Daten der Person, die von dir interviewt wird. Dir sollte dieser Punkt bekannt vorkommen, denn in der Problembeschreibung, wird ebenfalls die Ausgangssituation ermittelt, in der das Problem auftritt.

Beispiel: Mitarbeiter die Protokolle erstellen müssen.

Sind gestresst; haben wenig Zeit; können über Aufgaben nicht entscheiden

Zweitens: Was müssen deine Interviewpartner tun? Welchen Zielzustand möchte dein Interviewpartner erreichen? Hier geht es darum, das beobachtbare VERHALTEN der Zielgruppe zu identifizieren, die etwas tut, um beispielsweise das Problem zu umgehen.

Beispiel: *Jeder Mitarbeiter hat sich eine eigene Protokollvorlage angefertigt*

Drittens: Beginne, dich mit den Sinnen durchzuarbeiten. Beim „Sehen" versuchst du während des Interviews darauf zu achten, wie deine Interviewperson auf bestimmte Themen „blickt". Wie „sieht" er oder sie das Problem oder den Sachverhalt?

Beispiel: *„Ich sehe, dass es verschiedene Anbieter im Markt gibt, die Protokollschulungen anbieten. Ich habe mich immer gefragt, warum wir keine bekommen."*

Viertens: Beim „Sagen" geht es darum, dass wir Aussagen festhalten, die die Zielgruppe macht.

Beispiel: *„Ich glaube dem Management sind die Protokolle egal"*

Fünftens: Beim „Tun" geht es darum, die Routineaufgaben zu identifizieren. Was sind die täglichen Aufgaben der Zielgruppe? Mit was muss sich die Zielgruppe „rumschlagen"?

Beispiel: *„Nach jedem Meeting halte ich mir im Kalender einen 30-minütigen Block frei, damit ich das Protokoll schreiben kann, falls ich gezogen werde".*

Sechstens: Beim „Hören" geht es darum, dass wir die Meinungen von anderen Personen raushören möchten. Was sagen andere zum Thema Protokoll? Welche Meinungen werden vom Interviewpartner geteilt?

Beispiel: *„Mein Kollege aus der Firma XYZ benutzt schon diese neue Protokollsoftware. Der sagt, das hat sein Leben deutlich verbessert".*

Siebtens: Im siebten Feld wird der Kern des Problems identifiziert. Welche „Schmerzen" hat dein Interviewpartner bzw. Zielgruppe und welche Erfolge möchte er haben? Mit den Schmerzen stellt man die Notwendigkeit dar und mit den Erfolgen die Wichtigkeit.

Beispiel Schmerzen: „*Ich weiß nicht, wie man ein gutes Protokoll erstellt*"

Erfolge: „*Wenn ich gute Protokolle erstellen kann, dann spare ich Zeit und wir verlieren weniger Zeit in Folgeabstimmungen.*"

Alle sieben Bereiche helfen dir dabei, „mit den Schuhen des anderen zu gehen". Diese Erfahrungen helfen dir dabei, bessere Produkte und Marketingaktivität für deine Zielgruppe abzuleiten. Auf den Slides zeigst du nicht unbedingt die gesamte Empathy Map. Wichtiger ist es, dass du die Erkenntnisse, die du durch die Empathy Map gewonnen hast, mündlich vorträgst und damit das visuelle Bild deines Kunden beim Publikum verankert wird.

Darstellung der Go-to-Market-Strategie (GTM)
Haben die Juroren bzw. das Publikum ein klares Bild vom Kunden, möchten sie natürlich wissen, wie du die potenzielle Zielgruppe ansprechen möchtest. Das „WIE" interessiert hier am meisten. Aus diesem Grund beantwortet die Go-To-Market-Slide (GTM) die Frage: „Wie und mit welchen Mitteln erreiche ich meine Zielgruppe am besten?"

Generell geht es bei der GTM-Strategie um drei Elemente (siehe Abb. 2.10: Go-to-Market Strategie):

1. **Marktbedingungen:** Die Marktbedingungen geben den Kontext vor, in welchen Märkten du deine Produkte und Service anbieten wirst. Diese Betrachtung wurde bereits durch unsere Market-Slide vorgenommen

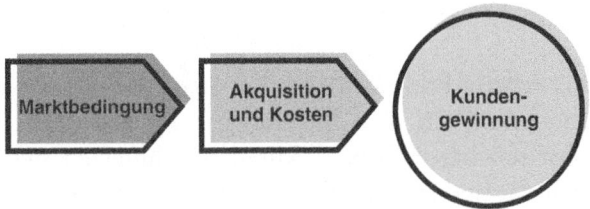

Abb. 2.10 Go-to-Market Strategie

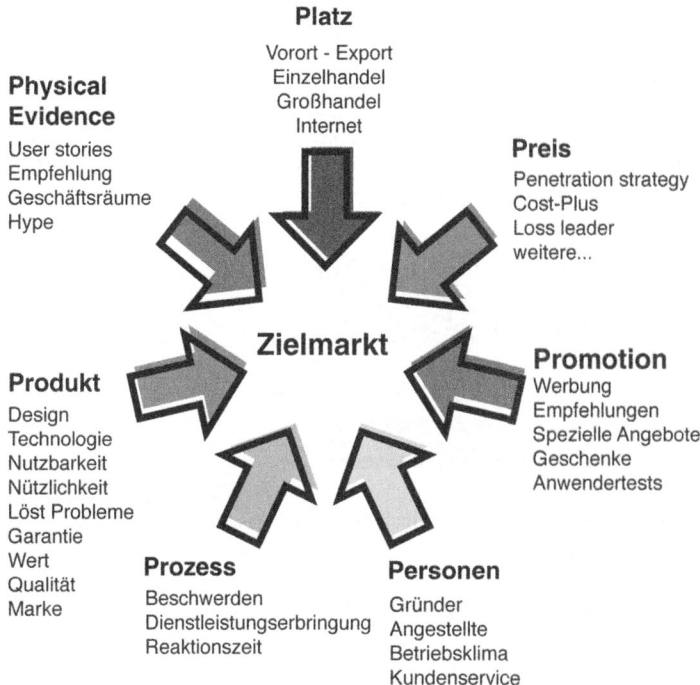

Abb. 2.11 Die sieben P's

2. **Akquisition und Kosten:** Wissenschaftler*innen, die ein neues Produkt entwickelt und erfunden haben, stehen vor der großen Aufgabe, das neue Produkt bekannt zu machen. Die Bekanntmachung ist mit großen Kosten verbunden, die hier als „Kosten der Akquise" bezeichnet werden.
3. **Kundengewinnung:** Am Ende dieses Prozesses sollten die Kunden stehen, die du in deiner Personabeschreibung definiert hast.

Für die weitere Beschreibung der Aktivitäten deiner GTM-Strategie eignet sich die Methode „sieben P" (siehe Abb. 2.11), die aus dem Marketingbereich bekannt ist. Mit den sieben P's kannst du deine GTM-Strategie konkreter gestalten und in einen chronologischen Zusammenhang bringen.

Die sieben P's helfen dir dabei, deine GTM-Strategie in 360 Grad zu betrachten. Sie verdeutlicht dir, wie du deine Informationen ordnen und gestalten kannst. Entscheide auch, welche Informationen für dein Publikum von Relevanz sind.

Mit dem QR-Code kannst du eine Slide aufrufen, die visualisiert, wie man die Go-to-Market-Strategie gut umsetzen kann.

https://ueberzeugendestartuppitches.de/go-to-market/

2.10.9 Metriken im Pitch-Deck

Die Finanzdaten-Slide spielt in jeder Startup-Phase eine wichtige Rolle. Viele Investoren leiten aus den vorgestellten Finanzzahlen ab, ob es sich überhaupt lohnt, in deine Idee zu investieren. Aber auch Juroren und Wettbewerbsveranstalter möchten sehen, wie dein Startup finanziell aufgestellt ist und ob du es auf „ökonomisch nachhaltige Beine" stellen kannst. Eins vorneweg, diese Slide bereitet den meisten Teams das größte Kopfzerbrechen. In einer sehr frühen Phase stehen Teams vor der Herausforderung, dass sie eigentlich noch keine validen Finanzkennzahlen wie z. B. Umsätze oder Kunden aufzeigen können. Startup-Teams, die schon weiter sind (later stage startups), stehen vor der Herausforderung, erste Finanzkennzahlen zu besitzen, aber nicht genau wissen, welche Metriken für Investoren relevant sind.

Grundsätzlich ist es aber so, dass die Finanzkennzahlen immer individuell auf dein Pitch-Deck und deinen aktuellen Status als Startup zugeschnitten sein müssen. Ich habe im Buch bereits öfter erwähnt, dass du dir deine Inhalte für dein Pitch-Deck individuell zusammenstellen sollst. In den nachfolgenden Abschnitten werde ich dir eine Empfehlung von Kean Angle und Louise Saludo (Angle & Saludo, 2021) vorstellen, aber die endgültige Auswahl, welche Finanzinformationen du für dich und dein Startup übernehmen möchtest, musst du selbst treffen. Dennoch möchte ich dir in diesem Buch die Sorge vor dieser Slide nehmen und dir zeigen, wie du das Thema am besten angehst.

> **Welche Finanzinformationen sollten auf keinen Fall fehlen?**
> In den meisten Fällen wollen Juroren und Investoren folgende fünf Finanzinformationen sehen:
>
> - Umsatz
> - Ausgaben/Kosten
> - KPI (Key-Performance-Indicator)
> - Gewinn
> - Bereits erhaltene Investments (falls vorhanden, z. B. Fördermittel EXIST-Forschungstransfer, EXIST-Gründerstipendium, VIP+ und weitere)

In den nachfolgenden Abschnitten werde ich auf die fünf wichtigsten Finanzinformationen eingehen und sie dir näher vorstellen.

Finanzkennzahl Umsatz
Mit Umsatz meint man den Geldeingang (deine Einnahmen) in deinem Startup, den du bekommst, weil du Produkte oder Services erbringst oder verkaufst. Mit dieser Zahl belegst du den Juroren zwei Dinge:

1. Du beweist, dass du ein echtes Problem identifiziert hast, für das es echte Kunden gibt, die wirklich bereit sind, für deine Lösung zu bezahlen (Marketproof!). Der Marketproof ist einer der wirksamsten Belege für dein Startup, dass du ein echtes Problem adressierst und Kunden bereit sind, für die Lösung zu bezahlen.
2. Du beweist, dass du mit deinen vorhandenen Ressourcen bereits einige Kunden erreichen kannst (Go-To-Market schon erbracht!).

Investoren freuen sich über hohe Umsätze, weil diese für die spätere Bewertung eines Startups herangezogen werden (Multiple Ansatz oder

Discounted Cashflow-Methode – Beide Ansätze spielen für das Pitch-Deck zunächst keine Rolle). Häufig werden Startups in späteren Phasen gefragt, wann sie eine bestimmte Umsatzgröße erreichen, z. B. „Wann erreicht dein Startup den Umsatz von einer Million Euro?". Mit der zeitlichen Information können sich Investor*innen ausrechnen, wie lange sie voraussichtlich auf ihren gewünschten Return on Investment warten müssen.

Falls du dich in der Vorgründungsphase oder Pre-Seed-Phase befindest, dann hast du wahrscheinlich noch keine Umsätze zu verzeichnen. An dieser Stelle musst du Annahmen treffen und ein „Forecasting", also eine Vorhersage deiner Umsätze vornehmen. Jeder weiß zwar, dass es sich dann um hypothetische Zahlen handelt, dennoch sollten die Zahlen einen logischen und realistischen Eindruck vermitteln, wie du dir dein Umsatzwachstum vorstellst.

Grundsätzlich gilt, je frühphasiger du mit einem Startup bist, desto „größer" sollte deine Startup-Vision sein. Deshalb verkaufen frühphasige Startups Investoren und Juroren häufig „den ganz großen Traum". An dieser Stelle möchte ich anmerken, dass diese Sichtweise vor allem durch amerikanische Startups und durch das Silicon Valley geprägt wurde. Du solltest selbst für dich entscheiden, wie „groß" du deinen Traum verkaufen möchtest. Gerade deutsche Gründer*innen sind dafür bekannt, oft zu bescheiden aufzutreten. In Wettbewerbssituationen verlieren viele Startups aus Deutschland dadurch internationale Investoren, weil sie mit Bescheidenheit nicht immer überzeugen können. Versuche für dich die Balance zu finden, zwischen dem „großem Traum" den du verkaufst und der „bescheidenden Realität".

Finanzkennzahl Ausgaben/Kosten
Alle Aktivitäten in einem Startup kosten Geld, auch wenn z. B. das Gründerteam sich nichts ausbezahlt und damit die Arbeitszeit dem Startup „schenkt", so hat diese geschenkte Arbeitszeit einen Wert. Genauso ist es mit Marketingkosten, Mietkosten, Produktionskosten, Vertriebskosten oder anderen Kostenarten, die sich automatisch ergeben, wenn du dein Startup aufbaust.

2 Produce! – Das Pitch-Deck zum Herzstück deines Vortrages ...

Um Geld zu verdienen, musst du es zuerst ausgeben. Aus diesem Grund möchten Juroren und Investoren das Verhältnis verstehen, zwischen den Kosten, die notwendig für den Betrieb des Startups sind und denjenigen, die notwendig sind, um neues Umsatzwachstum zu generieren.

Typischerweise hat jedes Startup vier Kostenarten:

- **Produktionskosten/Materialkosten:** Allgemein werden hier alle Arten von Kosten zusammengetragen, die bei der Erzeugung deiner Leistung anfallen. Das könnten z. B. sein: Arbeitszeit der Entwickler*innen für das Programmieren einer Software, die Materialkosten für die Herstellung eines Produktes, Rohstoffe, etc.
- **Betriebskosten (Operating Costs):** In dieser Kostenart geht es darum, alle Kosten zusammenzutragen, die notwendig sind, um den laufenden Betrieb zu gewährleisten. Das könnten sein z. B., Mietkosten, IT-Server, Softwarelizenzen, Internetkosten, etc.
- **Personalkosten:** Personalkosten sind für viele Unternehmen und Startups der größte Kostenblock. Hier geht es darum, die Gehälter der Gründer*innen und Mitarbeiter*innen zu kennen.
- **Sonstige Kosten:** In den sonstigen Kosten werden die Kosten genannt, die oben nicht mehr zuzuordnen sind, wie z. B. Lizenzzahlungen durch Patente.

Meistens werden die Umsatzzahlen und die Kostenzahlen gemeinsam auf einer Slide präsentiert. Beide Finanzkennzahlen können als Balken-, Linien, oder Kuchendiagramme dargestellt werden. Eine kleine Übersicht findest du mit dem folgenden QR-Code.

https://ueberzeugendestartuppitches.de/finanzmetriken/

Finanzkennzahl: Key-Performance-Indicator (KPI)
Jedes Startup hat spezifische Finanzkennzahlen, die den Erfolg in einer bestimmten Weise ausdrückt. Meistens kombiniert ein KPI zwei Finanzindikatoren und setzt diese ins Verhältnis. Folgende Beispiele aus dem Startup-Bereich werden dir helfen, die KPI's besser zu verstehen:
Akquisekosten pro Neukunde: Hier werden die gesamten Kosten für die Akquise (Marketing-, Reise und Vertriebskosten) ins Verhältnis zur Gesamtzahl der Neukunden gesetzt. Man erhält dann einen Euro-Betrag, der Juroren und Investoren zeigt, wie „teuer" oder „billig" dein Startup neue Kunden akquirieren kann.
Kundenwachstum pro Zeiteinheit: Bei dieser KPI wird die Schnelligkeit eures Wachstums dargestellt, indem du neue Kunden pro Tag/Monat/Jahr ins Verhältnis setzt. Damit kannst du auch Zuwachsraten ermitteln, die Ableitungen auf den Gesamtmarkt zulassen („Wenn wir in den nächsten Jahren mit 40 % Wachsen, haben wir zum Zeitpunkt X mehr als die Hälfte des Gesamtmarktes in Höhe von XY Millionen gewonnen"). Es gibt noch zahlreiche weitere KPIs, die immer ganz individuell ermittelt werden.
Ich kann dir leider nicht alle KPI Optionen vorstellen – das würde den Umfang des Buches deutlich überschreiten. Merke dir einfach an dieser Stelle, dass du KPIs bei dir identifizieren musst, die Juroren und Investoren einen Anhaltspunkt auf den wirtschaftlichen Erfolg ermöglichen.

Finanzkennzahl: Gewinn
Gewinn ist das, was nach Abzug der Ausgaben von den Einnahmen übrigbleibt. In den meisten Fällen sind Startups in den Anfangsphasen nicht profitabel, d. h. sie machen Verluste statt Gewinne. Juroren und Investoren haben deshalb großes Interesse an dem „Break-Even-Point". Dieser Break-Even-Point ist der Zeitpunkt, an dem die Einnahmen genauso hoch sind wie die Kosten. Das bedeutet, dass das Startup genauso viele Einnahmen generiert, wie es Kosten verursacht. Jeder zusätzliche Euro, der nach dem Break-Event-Point erwirtschaftet wird, erhöht den Gewinn. Letztlich geht es bei dem Break-Even-Point um den Beweis, dass das Startup es in den nächsten drei bis fünf Jahren aus eigener Kraft schaffen sollte, den Break-Even-Point aus eigener Kraft zu

erreichen. Startups die bereits weiter sind und erste Gewinne erzeugen, sollten aufzeigen, wie die Gewinne für das Unternehmenswachstum genutzt werden. Ziel sollte -wenn möglich- immer eine Vervielfachung der Gewinne als Ausblick sein.

Finanzkennzahl: Investments
Als Wissenschaftler*in stehen dir einige Förderprogramme für deine Ausgründung zur Verfügung. Wenn du Fördermittel erhalten hast, dann solltest du sie auf jeden Fall auf dieser Slide erwähnen. Das hat einen einfachen Grund, den du wahrscheinlich aus deiner Publikationserfahrung als Wissenschaftler*in kennst: Wenn du eine Förderung erhalten hast, dann haben Gutachter*innen dein Thema bereits einem Review unterzogen. Damit meint man, dass jemand die Gründungsidee für gut befunden hat und eine positive Förderzusage ausgesprochen hat. Im Rahmen von Wettbewerben würde ich dir empfehlen, die Förderungen gerade in der Aufbauphase deines Startups zu nennen. Im späteren Verlauf nimmt die Bedeutung der Förderprogramme in der Argumentationslinie deines Pitch-Decks immer mehr ab. Falls du dich in einer späteren Startup-Phase wie z. B. der Seed-Phase befindest und bereits erste Investoren von deiner Idee überzeugen konntest, würde ich empfehlen, die Investmentsummen zu nennen, die bereits in dich und deine Idee investiert worden ist. Denn für viele Investoren stellt die Fördersumme auch einen ersten Anhaltspunkt für die Bewertung des Startups dar.

Wie bereitest du die Finanzkennzahlen für dein Pitch-Deck auf?
Keiner möchte auf deinem Pitch-Deck eine Exceltabelle mit vielen Zeilen, Spalten und Beträge in kleiner Schriftgröße lesen. Vielmehr musst du versuchen, die oben erklärten Finanzinformationen so einfach wie möglich dazustellen. Startups die sich in der Later-Stage-Phase befinden und bereits eine Unternehmensbilanz besitzen, können diese auf eine Back-Up-Slide abbilden, falls sich Juroren dafür interessieren. Ich werde oft gefragt, wie realistisch/konservativ oder optimistisch die Finanzzahlen sein sollen. Das ist natürlich keine leicht zu beantwortende Frage, denn es kommt immer auf den Fall an. Dennoch möchte ich dir meine Einschätzung dazu geben:

Ich empfehle immer ein realistisches Szenario zu wählen und weder zu optimistisch noch zu konservativ zu sein. Warum? – Wenn du zu optimistisch bist, dann fällt das spätestens bei einer Due Diligence oder einer Unternehmensprüfung auf. Bist du hingegen zu konservativ, kann es bedeuten, dass du für Juroren und Investoren zu unattraktiv oder als unambitioniert abgestempelt wirst.

Ein guter Weg besteht darin, wenn du deine Daten mit „Bewegung" füllst, du also zeigst, dass du bereits „Traction" erzeugt hast. Das kannst du zum Beispiel erreichen, indem du wichtige Meilensteine aufzeigst, die du erreicht hast. Gab es Umsatzgrößen, die du irgendwann überschritten hast? Diese Dinge vermitteln den Juroren ein gutes Gefühl, wie du mit Geld und dem Unternehmenswachstum umgehst.

2.10.10 Die Team-Slide

Hinter vielen Ideen steckt mehr als nur ein kluger Kopf. Auch auf die Jury und auf mögliche Kunden wirkt ein fachlich breit aufgestelltes Team häufig vertrauenswürdiger, weil heterogene Kompetenzen genutzt werden können. Aus Sicht des Publikums, wurde das Problem und die Lösung von dir beschrieben, sowie das dazugehörige Geschäftsmodell. Für das Publikum stellt sich dann die Frage: „Und welche Personen setzen diese Idee nun um?" Letztlich ist es so, dass Juroren und Investoren ihre Gelder an Menschen überweisen. Daher ist diese Slide ein zentrales Element deines Pitch-Decks, damit die Geldgeber von euch als Team überzeugt werden und sich sicher sind, dass ihr die richtigen Personen für die Umsetzung der Geschäftsidee seid. Je nach Vorgaben des Events, wird die Team-Slide auch gerne zu Beginn des Pitches gesetzt.

Auf der Folie sollten berufliche oder fachliche Hintergründe und Details zu dir und deinen Teammitgliedern aufgelistet sein. Deine Slide kann mit Bildern oder einzelnen Zitaten visuell ansprechend gebaut werden. Gute Profilbilder von dir und deinem Team sind auf der Team-Slide das A und O. Noch professioneller wirkt es, wenn das gesamte Team ähnlich gekleidet ist oder zumindest den gleichen Bildhintergrund verwendet. Ein sympathisches Lächeln vermittelt einen motivierten Eindruck und hilft dem Publikum, Sympathien aufzubauen. Mit Smartphones kannst du mittlerweile hervorragende Ergebnisse erzielen, ohne gleich einen Fotografen beauftragen zu müssen.

Alle Sologründer*innen sollten auf dieser Slide ihre Kompetenzen, Qualifikationen und Alleinstellungsmerkmale hervorheben. Je nach Thema, Branche und Idee hast du vielleicht momentan noch kein Team. Das macht nichts, präsentiere den Juroren an dieser Stelle dein breites Netzwerk an Kontakten und Unterstützern, die dir ggf. beim Aufbau deines Startups helfen. Damit zeigst du, dass du gut vernetzt bist und auf zusätzliche Kompetenzen in deinem Netzwerk zurückgreifen kannst. Ganz nach dem Motto: „Mein Team ist mein Netzwerk"

Wie eine Studie des „Deutscher Startup Monitor" vom Bundesverband Deutscher Startups e. V. und PwC aus dem Jahre 2020 zeigt, besteht ein Startup in der Gründungsphase aus durchschnittlich 2,4 Gründer*innen (Kollmann et al., 2021). Grundsätzlich mögen Wettbewerbe, Fördermittelgeber und Investoren die Förderung von Teams, denn ein Team senkt aus Sicht der Geldgeber die Wahrscheinlichkeit, dass die Gründungsidee bei Rückschlägen sofort eingestellt wird. Wenn du also deine Gewinnwahrscheinlichkeit erhöhen möchtest, solltest du stets als Team antreten. Du solltest bei dieser Folie die Botschaft an das Publikum vermitteln: „Ich/wir schaffen es, die auftretenden Herausforderungen zu bewältigen!". Zeige auf, dass ihr das beste Gründungsteam seid mit vielen heterogenen Kompetenzen, die sich sehr gut ergänzen. Damit wird dein Team zum Alleinstellungsmerkmal und gibt den Juroren einen weiteren positiven Grund, euch fördern zu wollen.

Eine gelungene Team-Slide findest du hier:

https://ueberzeugendestartuppitches.de/team-slide/

2.10.11 Die Traction-Slide

Das Wort „Traction" kann auf Deutsch sehr unterschiedlich übersetzt werden. Für Juroren und Investoren sind in diesem Zusammenhang allerdings die Begriffe „Bodenhaftung" und „Zugkraft" besonders von Bedeutung.

1. **Bodenhaftung:** Ist dein Startup gut „aufgestellt" oder bereits vom Boden „abgehoben"?
2. **Zugkraft:** Schafft es dein Startup, die nötige „Zugkraft" zu entwickeln, um Kunden, Mitarbeiter und Investoren für dein Thema zu begeistern?

Mit der Traction-Slide beweist du den Juroren, dass du mit deinem Startup bereits erfolgreich unterwegs bist. Du zeigst auf dieser Folie, wie viele Kunden du bereits gewinnen konntest oder wie viele Verträge du abgeschlossen hast. Wir haben die Traction-Thematik bereits bei den Finanzkennzahlen angeschnitten. Auch auf dieser Slide kann jede Metrik genutzt werden, die deinen Erfolg messbar dokumentiert und dir dabei hilft, das Publikum von deiner „Traction" bzw. „Zugkraft" zu überzeugen. Metriken könnten zum Beispiel sein: Zugesagte Pilotkunden, Vorbestellungen, erste Umsätze/Verkäufe, usw.

Beachte aber, dass du nur Metriken zeigst, die das Wachstum deines Startups beeinflussen. Frage dich also immer, welche Metriken helfen dir auf das nächste Level zu kommen, wenn du sie verbesserst? Die richtigen Metriken zu identifizieren, ist nicht leicht, gehört aber zur Aufgabe eines/r Gründer*in.

Jedes Startup hat unterschiedliche Hauptmetriken. Für einige Startups spielt z. B. die „Churn-Rate" (=Kundenverlustrate) eine große Rolle, für andere die „Customer lifetime value". Achte darauf, diese Slide nicht mit zu vielen Informationen und Metriken zu überfrachten. Das Publikum wird es dir danken.

Was immer wieder gut funktioniert ist ein Zeitstrahl, der die bereits erreichten Meilensteine dokumentiert und einen Ausblick für die Zukunft bereithält. Mit dieser Darstellung kann das Publikum nachvollziehen, wie lange du schon an deinem Thema arbeitest und welche Erfolge du erzielt hast. An dieser Stelle kannst du auch die Frage einbauen, für was das Preisgeld des Wettbewerbes in Zukunft verwendet wird.

Trage deine Meilensteine und Metriken zusammen und füge sie in einen Zeitstrahl ein. Erweitere deine persönliche Tabelle um weitere Zeilen.

Meine Erfolge	Wann erreicht?	Weitere Infos
Zum Beispiel: Bewilligung EXIST-Förderprogramm	01.03.20XX	Förderhöhe: 125.000 €
...	...	...

Eine beispielhafte Darstellung der Traction-Slide findest du unter dem nachfolgenden QR-Code.

https://ueberzeugendestartuppitches.de/traction/

2.10.12 Closing und Ask

Ähnlich wichtig wie ein treffender und informativer Einstieg ist auch dein Abschluss (das Closing). Denn an den Anfang und das Ende deines Pitchs können sich die meisten Zuhörer*innen am besten erinnern, weshalb du für ein logisches und in sich geschlossenes Bild sorgen musst. Fasse deshalb im Closing die wichtigsten Punkte und Aspekte deines Pitches zusammen und nutze dazu dein Storytelling.

Das Closing eignet sich auch, einen Appell bzw. einen „Call-to-Action" an die Juroren zu richten. Ein Call-to-Action (CTA) ist eine

Handlungsaufforderung an den Adressaten, etwas Bestimmtes zu tun. Wahrscheinlich kennst du den CTA bereits aus dem Internet, wenn du auf Websites surfst. Nach dem Lesen eines Blogbeitrages oder ähnlichem, wirst du am Ende des Artikels aufgefordert, etwas zu tun. Entweder sich für den Newsletter anzumelden oder deine Kontoinformationen zu hinterlegen für das Aufheben der Paywall. Der CTA kommt immer gut an, wenn du genau das ansprichst, wofür du zum Pitching-Event gekommen bist. Zum Beispiel könnte ein Closing lauten: „Entscheiden Sie sich für unsere Idee! Wir können mit einer Förderung wirklich Großes bewirken!"

Der Appell sollte jedoch nicht zu aufdringlich, arrogant oder unverschämt wirken und die Juroren auch nicht unter Druck setzen (z. B. „Sie wären echt blöd, wenn Sie uns nicht gewinnen lassen!"). Du kannst am Ende durch Natürlichkeit und Sympathie punkten!

Mit diesem QR-Code findest du eine Closing-Slide:

https://ueberzeugendestartuppitches.de/closing-slide/

2.11 Gut vorbereitet auf die Q&A-Session (Fragerunde) nach deinem Pitch

Ich habe dir das minimale Pitch-Deck vorgestellt. Es kann sein, dass verschiedene Veranstalter und Investoren unterschiedliche Vorstellungen und Wünsche haben. Wenn in den Teilnahmebedingungen nichts stehen sollte, dann frage einfach beim Veranstalter nach, auf welche Inhalte du Wert legen sollst. Bei vielen Pitchingevents ist es so, dass du nach deiner Präsentation etwa fünf bis zehn Minuten die Fragen der Juroren beantworten musst. Für diese Fragerunde empfehle ich dir, weitere Slides vorzubereiten, die du nur auf Anfrage zeigst und die sich ausschließlich im Anhang deines Pitch-Decks befinden (Back-Up-Slides).

Am Anfang deiner großartigen Pitching-Karriere wird es dir vielleicht noch schwerfallen, die Fragen des Publikums vorherzusagen. Mit der Zeit wirst du merken, dass Juroren und Investoren immer wieder ähnliche Fragen stellen. Darauf solltest du dich vorbereiten und für die Beantwortung deiner Fragen auch die Slides zur Hilfe nehmen. Das wirkt sehr professionell und gut vorbereitet!

Ich kann leider nicht auf alle Back-up-Slides eingehen, sonst würdest du ein doppelt so dickes Buch lesen müssen. Schon sehr früh in meiner beruflichen Laufbahn habe ich damit begonnen, die Fragen des Publikums zu notieren, um meine Startup-Teams auf diese Q&A Sessions vorzubereiten. Du sollst an dieser Stelle von meinem Wissen profitieren. Dazu stelle ich dir die häufigsten Fragen vor, die von Juroren und Investoren an die Startup-Teams gestellt wurden.

> **Die häufigsten Fragen nach einer Präsentation von Investoren und Juroren**
> - „Wie sind Sie auf die Idee gekommen, diese Lösung anzubieten?"
> - „Können Sie mir mehr über Ihr Pilotprojekt mit dem Unternehmen XYZ erzählen"?
> - „Bitte geben Sie mir eine kurze Zusammenfassung über Ihre größten technischen Hürden"
> - „Welche Überlegungen haben Sie, um den potenziellen Kunden von sich zu überzeugen?"
> - „Was macht Sie besser als die Konkurrenz?"
> - „Bitte nennen Sie mir Ihr Alleinstellungsmerkmal in einem Satz!"
> - „Welche Schutzrechte (IP, insbesondere Patente) gehören dem Startup?"
> - „Funktioniert Ihre Lösung bereits im Anwendungsfall X?"
> - „Wie überzeugen Sie Ihren Kunden und die Nutzer, Ihre Lösung zu nutzen?"
> - „Wie schnell können Sie Ihre Lösung und das Startup skalieren?"
> - „Wie wehren Sie sich vor Nachahmern?"
> - „Welche Markteintrittsbarrieren haben Sie identifiziert?"
> - „Wie sehen Ihre nächsten Schritte aus für dieses Jahr?"
> - „Können Sie hier offenlegen, wie viele zahlende Kunden Sie bereits haben?"

> - „Wie haben Sie das Startup bisher finanziert?"
> - „Wie möchten Sie künftige Mitarbeiter*innen von Ihrem Startup überzeugen?"
> - „Wie motivieren Sie sich im Team?"
> - „Welche Vorschriften (Datenschutz, Produkthaftung z. B. bei medizinischen Produkten, etc.) müssen Sie einhalten?"
> - „Welche Abhängigkeiten haben Sie zu Lieferanten, Dienstleistern oder Produkten?"

Wie du liest, waren und sind die Rückfragen sehr individuell. Ich empfehle dir, dass du oder jemand aus dem Team, die Fragen des Publikums immer notiert. Denn je mehr Verständnisfragen gestellt werden, desto sicherer kannst du sein, dass dein Pitch nicht verständlich war und angepasst werden sollte. Die gesammelten Fragen helfen dir später, deinen nächsten Pitch präziser zu formulieren und zu gestalten.

Stellen die Juroren Fragen zur Zukunft („Wann erreichen Sie die erste Umsatzmillion?", „Was würden Sie mit dem Preisgeld machen?", etc.), kannst du dir sicher sein, dass du alle richtig gut abgeholt hast. Wenn Menschen mit dir über die Zukunft von morgen sprechen, dann hast du dich und dein Startup richtig verkauft.

2.12 Der rote Faden deines Pitch-Decks

Abschließend möchte ich dir zeigen, wie die einzelnen Pitch-Deck-Slides zu einer Story zusammengestellt werden. Dazu solltest du die beiden Techniken von Aristoteles (Dreieck der Rhetorik) und von den Gebrüdern Grimm (Storytellig) im Hinterkopf behalten. Springe zu Kap. 2 um dir nochmal die Techniken in Erinnerung rufen.

Das Besondere am Storytelling ist, dass deine Pitch-Deck-Slides in einen dramaturgischen Zusammenhang gebracht werden, damit die einzelnen Slides nicht einfach isoliert während deines Pitches betrachtet werden. Um dir diesen Sachverhalt zu verdeutlichen, schauen wir uns jetzt die zwölf Slides an, die ich dir oben vorgestellt habe und setzen sie nun zusammen. Der rote Faden könnte dann wie folgt aussehen (Tab. 2.5):

Tab. 2.5 Tabelle 8: Gliederungsvorschlag

Gliederungsvorschlag	Botschaft der Slide
1. Hook und Titelfolie	Du holst das Publikum, mit einem • spannenden, • informativen, • dramatischen oder provokanten Einstieg ab…
2. Die Problem-Slide	… und verdeutlichst ein konkretes Problem einer großen Zielgruppe, das bisher noch keiner gelöst hat…
3. Die Lösung	…Jetzt präsentierst du deine Lösung und dein Produkt. Neu, Innovation und genau das, was die Zielgruppe jetzt braucht…
4. Secret Source	…deine Lösung ist speziell, raffiniert, hat unfassbar gute Alleinstellungsmerkmale und ist viel besser als alle am Markt verfügbaren Technologien…
5. Markt-Slide	…denn deine Zielgruppe ist riesig und wünscht sich sehnlichst, das ihr Problem gelöst wird…
6. Die Wettbewerbs-Slide	… und nach näherer Betrachtung der Marktbegleiter, gibt es gar nicht so viele direkte Wettbewerber, die eine Lösung anbieten…
7. Die Geschäftsmodell-Slide	…damit viele neue Kunden gewonnen werden, wurde ein flexibles und monatliches Abrechnungsmodell für X € pro Monat entwickelt…
8. Die Go-To-Market-Strategie	…mit dem geplant wird, in den ersten 12 Monaten über Onlinemarketing und Influencer zahlreiche Kunden zu gewinnen…
9. Metriken	…Dabei wird mit geringen Akquisekosten gerechnet, weil die größten Multiplikatoren als Partner bereits gewonnen werden konnten…
10. Die Team-Slide	…dazu existiert ein starkes Team mit viel Berufserfahrung, das vielseitigen Kompetenzen hat und sich gegenseitig ergänzt…
11. Die Traction-Slide	…Das Team hat bereits viel erreicht: neben den technischen Zielen wurden erste Pilotkunden akquiriert, die jetzt die nächste Serienproduktion planen möchten…
12. Closing und Ask	…dafür werden 500.000 € gebraucht, um das Umsatzwachstum zu verzehnfachen!

Ich hoffe, dass dir die Tabelle dabei hilft, den roten Faden in dein Pitch-Deck zu legen. Probiere es am besten selbst aus und trage deine Botschaften ein, die du zu den einzelnen Slides erzählen möchtest. Du kannst natürlich ganz konkrete Botschaften formulieren.

2.13 Produce!-Fazit

Im Produce-Teil hast du die beiden „Techniken" für das überzeugende Präsentieren deines Pitch-Decks kennengelernt. Aristoteles bietet uns schon seit Jahrhunderten das Rezept, wie man Zielgruppen durch Logos, Pathos und Ethos von seinen Ansichten überzeugt: Geschichten, Märchen und Legenden helfen uns dabei, die einzelnen Elemente des Pitch-Decks in einen dramaturgischen Zusammenhang zu bringen. Dadurch bleibt deine Geschichte beim Publikum lebhaft in Erinnerung. In der Kombination dieser beiden Techniken liegt das Geheimnis perfekter Science-Tech-Pitches. Wenn du diese Techniken beim Aufbau beachtest, wird es dir leichter fallen, dich für verschiedene Präsentationsformate vorzubereiten.

Du solltest verstehen, dass das Pitch-Deck eine Art Kommunikationsinstrument ist, das sich in der Startup-Welt etabliert hat. Die Präsentation dient als Aufhänger, um Vertrauen zu gewinnen, Sympathie zu erwecken und einen schnellen Überblick zu deinem Startup zu erhalten. Viele Juroren und Investoren erwarten daher eine „klassische" Pitch-Deck Struktur, die ich dir mit den zwölf Slides vorgestellt habe. Mit dem Standard-Pitch-Deck, können Juroren eine große Anzahl an Startup-Teams effizient miteinander vergleichen. Abweichungen in der Struktur oder Gliederung sind natürlich willkommen und können deine Kreativität und Einzigartigkeit unterstreichen.

Bitte achte darauf, dass jede Slide nur eine Botschaft (Was möchtest du mit dieser Folie ausdrücken?) enthält. Ich habe oft gesehen, dass Folien überfrachtet werden oder mehrere Botschaften enthalten sind. Denke immer daran: Das Pitch-Deck unterstreicht deine Story und ermöglicht dem Publikum Teil deiner Geschichte zu werden. Durch sprachliche Bilder und Emotionen bleibt dein Startup beim Publikum nachhaltig in Erinnerung. Vor allem die Story hinter deiner Idee und die damit verbundene Gestaltung deiner Folien prägen den Bereich Produce. So kannst du deine Vorüberlegungen aus dem Analyze-Teil bereits etwas konkreter ausführen und dir eine eigene Planung für den nächsten Pitch erstellen. Achte auch bei der Präsentation darauf, den roten Faden nicht zu verlieren und darauf, dass Inhalt, Kommunikation und Design immer eine Einheit darstellen.

Literatur

Angle, K., & Saludo, L. (2021). Storypitchdecks. Von 25 Investment Experts Weigh In: What a Realistic Financial Slide Looks Like.: https://www.storypitchdecks.com/post/deep-research-what-goes-into-startup-pitch-deck-financial-slides#:~:text=Financial%20Data%20in%20Pitch%20Decks,re%20expecting%20to%20see%20them. Zugegriffen: 8. Mai 2021.

Aristoteles. (2019). *Rhetorik*. Reclam.

BaseTemplates.com. (2021). The Fundamental Book. Build a Winning Pitch Deck. https://uploads-ssl.webflow.com/5e9451ac176f31e759c9fd0c/5eb26 0371d06069b5cb43784_Build%20a%20Winning%20Pitch%20Deck%20 by%20BaseTemplates.pdf. Zugegriffen: 3. Apr. 2021.

Betsch, T., Funke, J., & Plessner, H. (2011). Problemlösen: Grundlegende Konzepte. *Denken – Urteilen, Entscheiden, Problemlösen* (S. 137–159). Springer.

Business Model Navigator. (2021). Von 55 Business Model Patterns: https://businessmodelnavigator.com/explore. Zugegriffen: 8. Mai 2021.

CBInsights. (2021). Von The Top 12 Reasons Startups Fail: https://www.cbinsights.com/research/startup-failure-reasons-top/. Zugegriffen: 3. Apr. 2021.

Diehl, A. (2021). Digitale Neuordnung. Von 5-Why Methode – Eine einfache und wirksame Ursachenanalyse: https://digitaleneuordnung.de/blog/5-why-methode/. Zugegriffen: 3. Apr. 2021.

Duden Online. (2021). Online abgerufen unter Duden: https://www.duden.de/rechtschreibung/Problem. Zugegriffen: 27. Febr. 2021.

Goldner, L. (2021). Gründer.de. Von 8 erfolgreiche Höhle der Löwen-Startups, die du kennen solltest: https://www.gruender.de/startups/erfolgreiche-die-hoehle-der-loewen-startups/#ankerkraut. Zugegriffen: 8. Mai 2021.

Gray, D. (2021). Medium. Von Updated Empathy Map Canvas: https://medium.com/the-xplane-collection/updated-empathy-map-canvas-46df22df3c8a. Zugegriffen: 8. Mai 2021.

Gua. (2021). Medium. How to describe your startup idea.: https://medium.com/@gtabidze/describe-your-idea-framework-2bfca3dc6ec9. Zugegriffen: 3. Apr. 2021.

Harroch, R. D. (2021). Forbes. Von A Guide To Investor Pitch Decks For Startup Fundraising: https://www.forbes.com/sites/allbusiness/2020/06/20/guide-to-investor-pitch-decks-for-startup-fundraising/?sh=4a2bf7655a5a. Zugegriffen: 8. Mai 2021.

Kajdas, B. (2020). Business Insider. Von So findet ihr den richtigen Preis für euer Startup-Produkt: https://www.businessinsider.de/gruenderszene/business/pricing-produkt-dienstleistung-startup-rc/. Zugegriffen: 8. Mai 2021.

Kollmann, T., Jung, P., Kleine-Stegemann, L., Ataee, J., & de Cruppe, K. (2020). Deutscher Startup Monitor. Von Deutscher Startup Monitor 2020. https://deutscherstartupmonitor.de/wp-content/uploads/2020/09/dsm_2020.pdf. Zugegriffen: 8. Mai 2021.

Locander, W., & Cocanougher, A. (2011). *Problem definition in marketing*. American Marketing Association.

The Businessplan Shop. (2021). Von TAM SAM SOM – what it means and why it matters: https://www.thebusinessplanshop.com/blog/en/entry/tam_sam_som. Zugegriffen: 8. Mai. 2021.

Wehr, A. (2019). Problem Solution Fit: Du musst das Problem Deiner Kunden verstehen. https://www.tractionwise.com/magazine/problem-solution-fit/. Zugegriffen: 3. Apr. 2021.

Wikipedia. (2021a). Problem. https://de.wikipedia.org/wiki/Problem. Zugegriffen: 27. Febr. 2021.

Wikipedia. (2021b). Technologie: https://de.wikipedia.org/wiki/Technologie. Zugegriffen: 8. Mai 2021.

Wikipedia. (2021c). Aristoteles. Wikipedia. https://de.wikipedia.org/wiki/Rhetorik_(Aristoteles). Zugegriffen: 3. Okt. 2021.

Zephram. (2021). Problem-Solution-Fit. http://www.zephram.de/wp-content/uploads/2016/08/Tag-2_02-Problem-Solution-Fit.pdf. Zugegriffen: 3. Apr. 2021.

3

Perform! – Entfalte deine Performance

Während du in den vorhergehenden Kapiteln erfahren hast, welche Anforderungen wir bezüglich des Veranstalters an das Pitch-Deck erfüllen müssen, sollten wir nun prüfen, wie du als Person den Vorstellungen des Veranstalters gerecht werden kannst und ob du das überhaupt willst. Lass uns dazu zunächst die Anforderungen an eine Präsenzveranstaltungen näher beleuchten.

3.1 Anforderungen an das Präsenz-Pitching

Eine gute Präsentation während des Pitching-Events umfasst mehr als das, was auf deinen Folien zu lesen ist. Dennoch solltest du von Beginn an einen einheitlichen Stil wählen, der sich wie ein roter Faden durch deine Präsentation zieht und alle Elemente des rhetorischen Dreiecks berücksichtigt (Ethos, Pathos, Logos).

3.1.1 Der passende Präsentationsstil

Der Präsentationsstil ist die Art und Weise, *wie* du deine Informationen dem Publikum vermittelst und zugleich eine Chance, mit einer begeisterten Präsentation nachhaltig in Erinnerung zu bleiben. Damit die Begeisterung auf dein Publikum übergeht, gibt es drei Präsentationstile, die je nach Zielgruppe und Zusammensetzung der Jury, folgendermaßen aufgebaut werden kann:

Linear und argumentativ (Logos)
Die häufigste Vortragsart ist die argumentative Herangehensweise, bei der die Inhalte der Folien mit hilfreichen Zusatzinformationen ergänzt werden. Schritt für Schritt baust du somit deine Expertise auf, bindest die Storyline ein und beantwortest indirekt mögliche Fragen.

Diese Herangehensweise ist Gründer*innen aus der Wissenschaft bestens bekannt. Die argumentative Herangehensweise, wie sie zum Beispiel auf Konferenzen oder Posterpräsentation üblich ist, sollte wohldosiert eingesetzt werden. Bei dieser Vortragsart neigt das Publikum dazu, schnell gelangweilt zu sein. Besonders langweilig wird es, wenn der lineare Aufbau so „klassisch" ist, dass das Publikum die nächsten Folien deines Vortrages „voraussagen" kann. Sobald das Publikum annimmt, zu wissen, was du als nächstes vortragen wirst, wird es deine Präsentation als: „Schon gehört – langweilig!", oder „Der/Die Gründer*in kann mir nichts Neues mehr erzählen" abstempeln. Dadurch verlierst du die Aufmerksamkeit deines Publikums!

Persönlich und interaktiv (Ethos)
Für eine Präsentation vor einem größeren Fachpublikum können Elemente wie die Persönlichkeit und Interaktion ein guter Ansatz sein. Dies schafft mehr Interesse für deinen Inhalt und sorgt dafür, dass die Informationen nicht an der Zielgruppe vorbeigehen.

Sehr sympathisch wirkt es zum Beispiel, wenn dein Pitch mit persönlichen Geschichten und Erfahrungen von dir oder deinem Team angereichert ist. Die persönlichen Geschichten erzeugen die Glaubwürdigkeit, die für das Publikum wichtig sind, um eine Beziehung zu dir aufzubauen und Sympathien zu wecken.

Die Interaktivität kannst du mit einem dynamischen Präsentationsstil und zwei Rednern erzeugen. Auf der Bühne wirkt sich ein Sprecherwechsel immer positiv auf die Aufmerksamkeit aus, weil durch die individuellen Vortragsarten der Pitch lebendig bleibt. Auch hier sollte darauf geachtet werden, nicht zu viele Sprecherwechsel in den Vortrag einzubauen oder gar monoton-sprechende Gründer*innen auf die Bühne zu stellen. Vermeide bei zwei Sprecher*innen und während der Sprecherwechseln das ständige Danken für die Abschnitte des vorherigen Sprechers, wie z. B. „Danke Sprecher 1 für die spannenden Einblicke zu den Produktfeatures. Nun gehe ich auf XYZ ein...". Das wirkt oftmals unauthentisch und beinhaltet keine zusätzlichen Informationen. Behalte im Hinterkopf, dass die Präsentation als Duo mehr Vorbereitungszeit in Anspruch nimmt, weil die Wechsel während der Präsentation eingeübt werden müssen.

Neben der dynamischen Präsentation kannst du auch Fragen (Ja-Nein oder Gegensatzfragen) an das Publikum stellen, die mit Handzeichen beantworten werden können. Durch diese Form der Interaktion wird das Publikum aus seinem „Dämmerschlaf" geweckt und die Aufmerksamkeit des Publikums ist dir sicher. Aber auch du als Startups profitierst mit Eingangsfragen, weil du ggf. spontan dein Pitch auf die Zielgruppe anpassen kannst, wenn du weißt, wie viele Menschen aus welcher Zielgruppe im Publikum sitzen (z. B. mehr Investoren, Kunden oder andere). Folgende Fragen kannst du beispielhaft an das Publikum stellen:

Einstiegsfragen für das Publikum
- „Wie viele Investoren/Gründer/etc. sind im Raum?"
- „Wer hat schon mal die Erfahrung gemacht, ...?"
- „Wer glaub daran, dass Aussage 1 zutrifft? – Und wer glaubt, dass eher Aussage 2 zutrifft?
- „Wer kennt das Gefühl...?"
- „Wer kennt sich in der Branche XYZ aus?"
- „Wer kennt das Problem XYZ?".
- „Wer hat schon mal Aktivität X ausprobiert?"
- „Wer ist hier, um sich gute Pitches anzuhören?"
- „Wer ist hier, um Geld zu investieren?"

In der Champions League spielst du, wenn du es schaffst, ein Großteil des Publikums dreimal mit Ja antworten zu lassen. Diese Grundstimmung (Ja) kann sich dann auf deinen Pitch übertragen. Zum Beispiel könntest du folgende drei Fragen stellen:

1. Du weißt bereits im Vorfeld, dass ein Großteil des Publikums aus Investoren besteht. Du fragst: „Wie viele Investoren sind hier im Publikum?". Viele Hände gehen nach oben, das Publikum fühlt sich „geeint".
2. Mit deinem Startup löst du ein allgemeines Problem, welches Investoren mir großer Sicherheit auch mal erlebt haben. Zum Beispiel: „Wer von Ihnen hat schon mal in seiner Vergangenheit ein Protokoll schreiben müssen?". Einige Hände gehen hoch, denn die Wahrscheinlichkeit, dass jemand ein Protokoll irgendwann in seiner Vergangenheit geschrieben hat, ist sehr hoch.
3. Jetzt bereitest du das letzte „Ja" vor: „Wer von Ihnen hätte sich gewünscht, dass Ihnen jemand die Arbeit abnimmt?" Die Abnahme von zeitaufwendigen Arbeiten wünschen sich sicherlich einige Investoren

Nach dem dritten „Ja" kannst du überleiten zu deiner Lösung im Sinne von „Wir sind das Startup, das genau dieses Problem löst" oder „Unser Team hat einen Lösung entwickelt, die Ihnen zukünftig helfen wird..." etc. Mit dieser Technik möchtest du erreichen, dass das Publikum deine Lösung innerlich „bejaht" und dir, deinem Startup und der Lösung positiv gegenübersteht. Probiere unterschiedliche Fragensets einfach mal aus.

Frei und leidenschaftlich (Pathos)
Bei einem frei gehaltenen Vortrag wird das Design der Folien beinahe schon zweitrangig. In dieser Form der Präsentation liegt der Fokus auf Mimik, Gestik und Sprache, womit du deine Leidenschaft zum Ausdruck bringst. Karteikarten oder Zettel sind hier fehl am Platz.

Diese Form des Vortragsstils solltest du nur wählen, wenn du dir absolut sicher bist, in dem, was du tust und sagst. Und damit meine ich nicht nur bezogen auf dein fachliches Thema, sondern wirklich auf dich als Gründerpersönlichkeit. Bei einem leidenschaftlichen Vortrag lässt du das Publikum in verschiedene Rollen und Perspektiven schlüpfen, damit deine Story „erlebbar" wird. In dieser Form der Präsentation nutzt du viele Metapher und viele Adjektive um Situationen und Erlebnisse zu vermitteln.

Hilfe zur Entscheidung des Präsentationsstils
Wie immer macht die Mischung den Unterschied. Für den perfekten Science-Tech-Pitch empfehle ich dir, dass du auf Grundlage deines logischen Pitches aufbaust und immer mehr Elemente von Ethos und Pathos einbaust. Jedes Element sollte wohldosiert von dir eingesetzt werden, damit nicht der Eindruck entsteht, du präsentierst etwas, was überhaupt nicht zu dir passt.

3.1.2 Image und Auftreten

Dein Image bzw. Auftreten entwickelt sich aus dem ersten Eindruck, den die Jury während des Events von dir bekommt. Man könnte auch sagen, dass die Juroren in den ersten Sekunden deines Vortrages versuchen werden, dich in eine „Schublade" zu stecken.

> **Übersicht**
>
> In welche Schublade würdest du dich selbst einordnen?
>
> - Ich bin eher ein (Fach-) Experte
> - Ich bin eher ein Visionär
> - Ich bin eher der Finanztyp
> - Ich bin eher eine kreative Person
> - Ich bin eher ein Macher*in
> - Ich bin eher der Verkäufertyp
>
> In welche Schublade möchtest du nach dem Event eingeordnet werden?
>
> - Als ein (Fach-) Experte
> - Als Visionär
> - Als Finanztyp
> - Als kreative Person
> - Als Macher*in
> - Als Verkäufertyp

Viele Gründer*innen versuchen, professionell zu wirken, lassen dabei jedoch das Persönliche aus dem Blick. Bei der Einschätzung geht es nicht darum, dass du deine Persönlichkeit veränderst, sondern dass du dir deiner Rolle als Unternehmer*in bewusst wirst. Du kannst direkt Einfluss auf deine Rolle nehmen, die du als Unternehmer*in verkörpern möchtest. Diese Tatsache solltest du für deine spätere Identifikation als Unternehmer*in im Hinterkopf behalten. Aber am erfolgreichsten bist du, wenn du ehrlich, authentisch und natürlich bist.

Neben einem natürlichen Auftreten kannst du selbstverständlich auch weitere Akzente setzen. Diese ermöglichen es dir, deine Wirkung auf andere positiv zu beeinflussen und ein klares Bild von dir zu zeichnen.

> **Tipp**
> Eine hervorragende Übung ist das Brainstormen von drei Eigenschaftswörtern (Adjektive), die du dir selbst zuschreiben würdest. Notiere drei erstrebenswerte Eigenschaften, die beschreiben, wie du bei künftigen Pitches auf die Jury wirken möchtest.
> Zum Beispiel: sympathisch, souverän und humorvoll.
> Vor jedem deiner künftigen Pitches wiederholst du die drei Eigenschaftswörter mantraartig in Gedanken. Mit der Zeit wirst du merken, dass sich dein Verhalten diesen Eigenschaftswörtern annähern wird.

3.1.3 Kleidung und Optik

Vor allem während eines Events vor Ort spielt die Kleidung eine wichtige Rolle. Hierbei kannst du in beide Richtungen Fehler machen. Während die Jogginghose immer ein No-Go ist, können auch Hemd und Anzug zu einem falschen Eindruck führen. Deine Kleidung sollte zwar angemessen sein, darf den Inhalt der Präsentation jedoch nicht überschatten. Häufig findest du einige ungefähre Angaben zu möglichen Dresscodes bereits in der Teilnahmebeschreibung des Wettbewerbes.

> **Tipp** Schaue dir auch auf der Homepage des Wettbewerbs Bilder von vergangenen Events an. Die Bilder der vergangenen Preisträger*innen vermitteln den besten Anhaltspunkt in Bezug auf den Dresscode. Damit gewinnst du einen Eindruck, wie förmlich oder leger die Veranstaltung in der Vergangenheit war.

Stehen diese Informationen nicht zur Verfügung, dann ziehe dich gepflegt an, verzichte auf markante Shirts in knalligen Farben oder mit auffälligen Sprüchen und sorge für einen seriösen Eindruck. So hält sich die Jury nicht zu lange an deinem Äußeren auf, sondern fokussiert sich auf den Inhalt.

Wenn das Event groß genug ist und du zum Beispiel im Finale des Pitching-Events stehst, dann empfiehlt es sich, T-Shirts oder Kleidung anzuziehen, die mit deinem Unternehmenslogo oder Slogan bedruckt sind. Damit präsentierst du dich mit deinem Team in einem einheitlichen Look und wirst auch nach dem Pitch leichter auf dem Event angesprochen. Die Wiedererkennung beim anschießenden Netzwerken ist ein großer Vorteil, den du nicht außer Acht lassen solltest.

3.1.4 Technische Voraussetzungen des Wettbewerbs

Bevor du mit der Präsentation beginnst, solltest du die technischen Gegebenheiten vor Ort etwas genauer unter die Lupe nehmen. Sind Lautsprecher für mögliche Videosequenzen vor Ort? Lassen sich alle Details der Folien wie beispielsweise die Schriftgröße oder die Farbgebung erkennen? Ist eine Internetverbindung vorhanden, um ggf. auf Inhalte im Internet zurückzugreifen? Technische Fehler sind einer der häufigsten Gründe, dass Pitching-Events nicht zum gewünschten Erfolg führen.

Ich habe schon oft gesehen, dass die Slides des Pitch-Decks während der Livepräsentation chaotisch aussahen. Es hat sich dann im Nachhinein herausgestellt, dass das Gründerteam einen Schriftsatz verwendet hat, der nicht auf dem Präsentationslaptop installiert war. Das kann dir auch passieren, wenn du die Präsentation mit unterschiedlichen Programmen (Windows oder Apple) erstellst hast. Wenn alle

Formatierungen über den Haufen geworfen und das Pitch-Deck sehr chaotisch aussieht kann sich das Chaos und die Verunsicherung schnell auf das Gründerteam übertragen.

Als Back-Up Option, empfehle ich dir auf jeden Fall eine PDF-Version deines Pitch-Decks zu erstellen und ggf. diese Datei dem Veranstalter zu schicken. Das PDF-Format braucht keine große Rechenleistung und kann auf fast allen Geräten aufgerufen werden. Sollte es im Vorfeld deiner Teilnahme dennoch Unklarheiten geben, kann eine Nachfrage beim Veranstalter nicht schaden. In den meisten Fällen sollte die ausführliche Beschreibung des jeweiligen Events keine Fragen offen lassen. Wenn du dennoch Fragen hast, notiere dir diese und wende dich möglichst frühzeitig an den Veranstalter.

3.2 Live-Pitch vor Publikum

Viele Wettbewerbe finden vor Ort mit Publikum statt. Der Eventcharakter ist gut und nützlich, weil sich viele Menschen bei der Veranstaltung begegnen und austauschen können. Zudem hat ein Event den Vorteil, dass nicht nur dein Startup, sondern auch die Initiatoren der Veranstaltung zur Geltung kommen.

Aber durch die Präsentation vor Ort spielen die Wirkung und der direkte Eindruck eine noch wichtigere Rolle für dich. Schließlich geht es darum, dass du nicht nur auf der Bühne überzeugst, sondern auch während des Netzwerkens bei dem Event. Ein Live-Pitching solltest du aus diesem Grund sorgfältig vorbereiten und dir die gebotenen Chancen nicht verspielen.

Schenke deinem Publikum ein Lächeln
Um für eine gute Präsentation zu sorgen und vom Publikum sympathisch wahrgenommen zu werden, kommt es auf die passende Mimik an. Mit Mimik meine ich die sichtbaren Bewegungen der Gesichtsoberfläche, die wir im Allgemeinen als „Gesichtsausdruck" kennen. Vielleicht kennst du das Phänomen aus schon eigener Erfahrung: auf der Bühne bist du in der Regel immer etwas angespannt. Schließlich soll nichts schiefgehen und du musst zahlreiche Dinge

parallel im Auge behalten. Die Konzentration während des Vortrages merkt man deinem Gesicht an, weil sich deine Gesichtsmuskulatur verhärtet und du meistens während der Präsentation nicht die Ressourcen hast, um auf deine Mimik und Gestik zu achten.

Es kann dann passieren, dass dein „Konzentrationsgesicht" dem Publikum einen gelangweilten Eindruck vermittelt, was du vielleicht gar nicht beabsichtigst. Wenn du für deine Idee brennst, dann kannst du selbstverständlich deine Begeisterung und deinen Enthusiasmus jederzeit während deiner Präsentation offen zeigen. Das wirkt in der Regel ansteckend und erzeugt viele Sympathien beim Publikum. Bei einzelnen Stilmitteln wie einem beabsichtigten Witz oder einem Vergleich darf natürlich gelacht und geschmunzelt werden. Ein lebendiger Ausdruck in Form der angepassten Mimik ermöglicht der Jury auch einen persönlichen Eindruck von dir. Mit den folgenden Übungen wirst du am Ende natürlich, entspannt und freundlich wirken.

3.3 Drei Übungen für das perfekte Auftreten

Die nachfolgenden Übungen kannst du alleine oder gemeinsam mit deinem Team üben. Alle drei Übungen nutze ich, um Teams auf künftige Wettbewerbe vorzubereiten. Probiere die Übungen aus!

3.3.1 Übung 1: Pitchen vor dem Spiegel

Übe deinen Pitch vollständig vor dem Spiegel. Wenn es möglich ist, dann zeichne deinen Pitch mit deinem Smartphone für eine spätere Videoanalyse auf (siehe Übung 3). Achte beim Pitchen vor dem Spiegel besonders auf deine Mimik. Wo schaust du hin? Wirkst du angespannt? Verkrampft? Konzentriert? Welche Muskelgruppen wirken angespannt?

Nehme für diese Übung zusätzlich ein Stift oder ähnliches in die Hand und imitiere damit das Mikrofon. Übe auch die „Mikrofonhaltung" vor dem Spiegel. Das verleiht dir bei einem echten Auftritt ein Gefühl von Sicherheit, wenn du die Mikrofonhaltung gewohnt bist.

> **Tipp** gegen das Zittern: Manchmal ist man so aufgeregt, dass das Mikrofon sichtbar zittert. Um dieses sichtbare Zittern zu vermeiden, musst du deinen Arm am Körper „fixieren". Nehmen wir an, du hältst das Mikrofon in der linken Hand. Willst du deinen linken Arm fixieren, dann klemmst du dir fiktiv ein Blatt Papier unter die linke Achsel. Dein Arm ist nun mit deinem Körper „fixiert" und das Zittern wird deutlich schwächer wahrgenommen.

3.3.2 Übung 2: Point of Smile

Bei dieser Übung schließt du die Augen und entspannst deine komplette Gesichtsmuskulatur. Jetzt versuchst du deine Mundwinkel langsam nach oben zu heben, bis du glaubst, ein Lächeln wahrnehmen zu können. Wenn du das Gefühl hast, dass jetzt eine andere Person ein Lächeln wahrnehmen würde, öffnest du deine Augen und blickst in den Spiegel.

> **Was siehst du im Spiegel?** Lächelst du? Sieht das sympathisch aus? Wirkst du freundlich?

Diese Übung zeigt dir, dass wir manchmal glauben zu lächeln, aber es von anderen gar nicht als Lächeln wahrgenommen wird. Ich selbst konnte diese Erfahrung als Moderator und Keynote Speaker machen. Als ich meine ersten Keynotes hielt, hatte ich auf den Fotos der Events immer ein ernstes Gesicht. Natürlich ist man als Speaker konzentriert bei der Sache, dennoch hatte ich auf der Bühne geglaubt, dass ich das Publikum anlächele. Auf den Bildern sah man dann, dass mein Gesichtsausdruck eher konzentriert als sympathisch aussah.

Du solltest deshalb dein „Point of Smile" von dir finden, bei dem du genau weißt, wann ein Lächeln bei deinem Publikum auch als ein Lächeln ankommt. Während des Pitches kann es sein, dass du dein eigenes Lächeln „übertrieben" wahrnimmst, weil du mehr Kraft aufwenden musst, deine angespannten Gesichtsmuskeln zu einem Lächeln zu heben. Diese Übung kannst du bei der Veranstaltung auch kurz vor deinem eigentlichen Pitch auf der Toilette vor dem Spiegel durchführen.

3.3.3 Übung 3: Videoanalyse

Für die Videoanalyse brauchst du nicht viel Equipment. Am schnellsten geht es, wenn du deinen Pitch mit deinem Smartphone aufnimmst und es dir danach anschaust.

> **Folgende Reflexionsfragen eigenen sich für eine Selbstanalyse**
> - Was fällt dir auf? (Gedankenimpulse notieren)
> - Wie wirkst du?
> - Wohin wandern deine Augen während des Pitches?
> - Wenn du Juror*in wärst, was würdest du von dir halten?
>
> **Achte ganz bewusst auf deine Mimik**
> - Welche Gesichtsausdrücke hast du während des Pitches gemacht?
> - Wohin wandern deine Augen während des Pitches?
> - Wirkt dein Gesicht unbewegt wie eine „Maske"?
> - Kann man Bewegungen in deinem Gesicht registrieren?
> - Wirkt dein Vortrag dynamisch?

Notiere dir alles, was dir auffällt. Im nächsten Durchgang nimmst du dir dann eine Sache vor, die du verbessern möchtest. Wenn du zum Beispiel feststellst, dass du oft an die Decke oder zur Seite schaust, dann kannst du dir beim nächsten Durchlauf vornehmen, einen konkreten Punkt im Raum zu fixieren, an dem dein Blick sich orientiert. Du wirst feststellen, es ist gar nicht so einfach den Blick auf einen Punkt zu fixieren, aber mit der Zeit und ein wenig Übung wirst du viel sicherer im Auftreten werden.

3.3.4 Gestik während deines Pitches

Achte darauf, während des Pitches immer freie Hände zu haben, um deine Aussagen mit deiner Gestik zu unterstützen. Manchmal geht das nicht, weil du ein Mikrofon oder Presenter halten musst. Karteikarten oder eine chaotische DIN-A4 "Zettelwirtschaft" hingegen haben bei einem Pitching-Event nichts zu suchen. Verbinde deine Gestik direkt mit deiner Kommunikation. Gesten wie z. B. einen erhobenen Finger oder eine geballte Faust können deine Aussagen akzentuieren. Eine zu wenig ausgeprägte Gestik kann schnell gelangweilt wirken. Aber Vorsicht: Wer zu viel gestikuliert, wirkt gestresst, nervös und unsicher.

Du kannst deine Gestik mithilfe der oben beschriebenen Übung aus dem Mimikbereich ebenfalls analysieren. Probiere es einfach aus! Wenn du ein Team hast, könnt ihr die Übungen auch gemeinsam durchführen und reflektieren.

3.3.5 Die Sprache deines Körpers

Auch die Körpersprache, also dein Auftreten und deine Erscheinung auf der Bühne solltest du beachten und genauer analysieren. Entscheide dich für einen stabilen und geraden Stand. Am besten wirkst du, wenn du schulterbreit stehst und dein Körpergewicht gleichmäßig auf beide Füße verteilst. Der Rücken ist etwas nach hinten gezogen, die Brust nach vorne gerichtet. Dein Körper muss eine gewisse Souveränität und Sicherheit ausstrahlen. Hängende Schulter und ein nach unten gerichteter Kopf bzw. Blick wirken nicht gerade motivierend oder zuversichtlich. Bewegungen auf einer Bühne können gut ankommen und machen den Vortrag dynamischer, solange es zur Form der Präsentation passt.

Nervöses Gezappel, verschränkte Arme oder Hände in den Hosentaschen lenken jedoch vom eigentlichen Inhalt ab. Vermeide auch den klassischen „Tigergang" – das Hin- und Herlaufen auf der Bühne während des Pitches. Wenn du auch nonverbal überzeugen möchtest, ist eine sichere Körpersprache meist der beste Weg für deine Präsentation.

3.3.6 Deine sprachliche Ausdrucksweise ist der Zugang zum Publikum

Mimik, Gestik und Körpersprache sind nonverbale Kommunikationsinstrumente und hinterlassen beim Publikum einen Eindruck von dir als Person. Passend zur nonverbalen Kommunikation solltest du dir auch Gedanken darüber machen, was und wie du dem Publikum die Inhalte deines Pitch-Decks vermitteln möchtest (Siehe Abschnitt mit den drei Vortragsarten).

Eine offene, präzise und klar verständliche Sprache sollte selbstverständlich sein. Erinnere dich daran, dass du nicht auf einer Konferenz sprichst, sondern mit Personen, die vielleicht keine Bezugspunkte zu deinem Thema haben. Versuche deshalb, lange Schachtelsätze zu vermeiden und setze stattdessen lieber auf kürzere prägnante Sätze, die leicht verständlich sind.

An dieser Stelle möchte ich noch einen Geheimtipp mit dir teilen: Du wirkst um ein Vielfaches souveräner, wenn du Füllwörter wie „ähm" und „ähs" während deines Vortrages weglässt. Ich war beim Nachhören der allerersten Episode meines Podcasts „Working With Startups From Science" überrascht, wie oft ich in 15 min „ähm" und „äh" gesagt hatte. Für das Publikum ist das einfach anstrengend und sie könnten den Eindruck gewinnen, der/die Vortragende ist sich unsicher bei dem, was gesagt wird. Versuche deshalb, die Füllwörter komplett aus deinem Vortrag zu streichen und stattdessen Pausen zu machen.

Nutze Fachbegriffe nur dort, wo sie sinnvoll sind und zum inhaltlichen Verständnis beitragen. Zu viele Fachbegriffe können ebenfalls vom Inhalt der Präsentation ablenken oder führen dazu, dass dir das Publikum nicht mehr zuhört. Wenn die Juroren oder Investoren bei deinem Vortrag „abschalten", weil sie die Fachterminologien nicht verstehen, dann hast du schon verloren. Sprache, Inhalt und Wirkung sind stets ein ganzheitliches Gefüge, welches es zur Überzeugung möglicher Geldgeber zu nutzen gilt.

3.4 Pitching im digitalen Umfeld

Nachdem ich dir in den vorangegangenen Kapiteln Hinweise zu einem Vor-Ort-Pitch gegeben habe, erkläre ich dir nun, wie du im digitalen Umfeld gut performst, denn durch die Coronapandemie wurden seit 2020 viele Wettbewerbe und Pitches in den digitalen Raum verlegt. Aufgrund der Einfachheit finden mittlerweile viele Events vollständig digital oder als hybride Veranstaltungen statt. So sind zwar ähnliche

Faktoren wie beim Vortrag vor Ort entscheidend, mit der technischen Kompetenz kommt jedoch eine weitere Komponente hinzu. Achte daher bei einem digitalen Pitch auf folgende Aspekte.

3.4.1 Deine Mimik

Bei einer digitalen Präsentation sitzt du häufig vor deinem Laptop. Mittels deiner Webcam wird neben deinem Bildschirm primär der Gesichtsbereich übertragen, weshalb deine Mimik eine besondere Rolle spielt. Auch im digitalen Umfeld solltest du in dieser Hinsicht nicht zu verkrampft wirken, sondern einen freundlichen, inspirierenden und vor allem überzeugenden Eindruck machen.

Leider ist der direkte Blickkontakt mit Juroren nur eingeschränkt möglich. Trotzdem solltest du während deines Pitches direkt in die Linse deiner Webcam schauen. Du siehst zwar nicht immer die direkte Reaktion der Juroren auf deine Aussagen, aber dafür kommt das Gesagte persönlicher beim virtuellen Publikum an.

3.4.2 Deine Gestik

Bei einem Pitching-Event im Sitzen entfällt die Gestik praktisch vollständig. Behalte jedoch auch bei digitalen Präsentationen im Blick, dass du stets unter aktiver Beobachtung stehst. Nicht alle Gesten die du machst, werden auch von deiner Webcam erfasst. Je nachdem wie nah oder fern deine Webcam steht, werden Gesten nur in Teilen erfasst.

Willst du dennoch deine Aussagen mit Gestern unterstützen, dann empfehle ich dir, dass du deinen Vortrag über ein Videokonferenz-Programm mit deinem Team übst. Dadurch erhältst du ein Gefühl über den Übertragungsbereich deiner Webcam. Überprüfe auch die Spiegelungseinstellung, damit du nicht von deinem eigenen Übertragungsbild irritiert wirst.

3.5 Deine Körpersprache im digitalen Raum

Sitze bzw. stehe aufrecht, vermeide hängende Schultern und zeige der Jury, dass du die Situation ernst nimmst. Auch bei einem digitalen Pitch steht die Körpersprache an erster Stelle, um unter Umständen den Zuschlag zu bekommen. Bereite dich am besten gemeinsam mit Freunden ausführlich auf die Präsentation vor und trage dein Pitch-Deck mehrmals im digitalen Raum vor.

3.5.1 Deine Ausdrucksweise im digitalen Raum

Bei der Ausdrucksweise gibt es zwischen dem digitalen Pitch und der Präsentation vor Ort keine Unterschiede. Auch hierbei gilt es, klar und verständlich zu bleiben, um den roten Faden deiner Folien nicht durch kommunikative Unklarheiten zu gefährden. Manchmal empfiehlt es sich langsamer zu sprechen, weil es bei der Übertragung zu Latenzen (Verzögerung) kommt. Aber mit einem natürlichen und dennoch fachlichen Ausdruck steigen deine Chancen auf Erfolg deutlich.

Selbstverständlich solltest du gut zu verstehen sein und die Soft- und Hardware im Griff haben. Weiter unten gehe ich nochmal auf das Thema Technik ein.

3.5.2 Dein Erscheinungsbild im digitalen Raum

Auch wenn du nicht vor Ort sprechen musst, darf es keinesfalls an Körperpflege und geeigneter Kleidung mangeln. Die Situation bei dir zu Hause sollte die gleiche Aufmerksamkeit erfahren wie bei einem vor Ort Pitch. Deshalb ist ein angemessener Kleidungsstil auch für das Homeoffice wichtig. Durch deine Nähe zur Kamera fallen kleine Details an Haaren oder Händen mehr auf, weshalb auch hier auf ein gepflegtes Äußeres zu achten ist.

Achte zudem auf einen ordentlichen und wenig ablenkenden Hintergrund in deinem Zimmer. Vermeide optisch unruhige Hintergründe oder ausdrucksstarke Bilder an deinen Wänden, die die Aufmerksamkeit der Juroren von dir ablenkt. Wenn du den Hintergrund während der Aufzeichnung nicht ändern kannst, dann erstelle vorab einen digitalen Hintergrund oder nutze die bereitgestellte "Weichzeichnen"-Funktion bei Zoom, Teams oder anderen Videokonferenzsystemen. So erzeugst du einen professionellen Eindruck.

3.5.3 Hast du die Technik im Griff?

Im Rahmen der digitalen Präsentation kommt mit der Technik eine weitere Hürde auf dich zu. Die Jury muss dich einwandfrei sehen und hören können. Technische Probleme sind längst keine Seltenheit, sollten jedoch, wenn möglich, vermieden werden. So gehen auch die potenziellen Investoren mit einem guten Gefühl in deine Präsentation, ohne dass der Inhalt durch kleine Fehler überschattet wird. Teste Kamera und Mikrofon daher möglichst vorab.

Bei der Audioqualität solltest du nicht sparen und dir ein Headset oder ein externes USB-Mikrofon besorgen, damit du gut zu verstehen bist und deine Umgebungsgeräusche nicht unnötig mit aufgezeichnet werden. Informiere dich vorab, mit welchem Programm der digitale Pitch stattfindet und mache dich mit den Einstellungen und Rechneranforderungen des Programmes vertraut.

Überprüfe zusätzlich deine Internetbandbreite und sorge dafür, dass Videotelefonie mit deinem Internetanschluss möglich ist. Wenn das nicht möglich sein sollte, frage Familie und Freunde, ob du ihren Internetanschluss nutzen kannst, falls ein schnellerer zur Verfügung steht. Du kannst natürlich auch öffentliche Netze nutzen, wenn die Umgebung es zulässt.

3.6 Perform!-Fazit

Mit meinen vorgestellten Tipps und Hinweisen zum Perform-Teil solltest du nun hervorragend für die kommenden Wettbewerbe vorbereitet sein. Neben den bereits vorgestellten Basics für einen vielversprechenden Auftritt sind auch weitere Aspekte von enormer Bedeutung. Bereits kleine Details können entscheidend sein, wenn es um die Wirkung deiner Präsentation auf die Jury geht. Die folgenden fünf Tipps beziehen sich auf Vorträge vor Ort, sowie auf die digitale Präsentation und sollten daher ebenfalls beachtet werden, um den positiven Ersteindruck noch zu verstärken:

1. Baue sprachliche Übergänge ein, zum Beispiel „Nachdem ich Ihnen das Problem geschildert habe, das wir identifiziert haben, möchte ich Ihnen nun zeigen, wie unsere Lösung aussieht". Sprechpausen können hierbei durchaus zu einem stilistischen Mittel werden.
2. Halte den Blickkontakt zum Publikum. Abweichende Blicke strahlen Unsicherheit und fehlendes Know-how aus.
3. Erwecke durch deinen Inhalt Emotionen. Du als Person kannst die Emotionen mit deiner Persönlichkeit verstärken. Achte aber darauf, deine Persönlichkeit nicht in den Vordergrund und somit über den Inhalt zu stellen.
4. Vermeide bei Übergängen oder in Phasen der Unsicherheit Füllworte. Ausdrücke wie "So" oder "Ähm" lenken von deinen Zielen ab und lassen dich verunsichert wirken.
5. Drücke dich präzise und exakt aus, damit beim Publikum wirklich das ankommt, was du meinst! Vermeide lange Erklärungen und Einschübe, während du deinen Pitch hältst

Am Ende wirkt sich die Wiederholung und das Üben am positivsten auf die Präsentation deines Pitches aus. Setzte dich deshalb am Anfang nicht zu sehr unter Druck und versuche, so viele Präsentationsmöglichkeiten wie möglich wahrzunehmen. Versuche aus jeder Präsentation deine eigene Lernerfahrung zu ziehen und dich dadurch von Pitch zu Pitch zu verbessern. Dafür kannst du an zahlreichen Gründerstammtischen, Netzwerkveranstaltungen, Round Tables, Gründer-Events, Wettbewerbern, Investorendinner oder an weiteren Events teilnehmen.

4

Nach dem Event – Optionen, Nachbereitung und Ausblick

Auf Grundlage der vielen praktischen Tipps in diesem Buch hast du die Möglichkeit, dich optimal auf deinen Pitch vorzubereiten. Blättere auch mal zurück und nutze die ein oder andere Notiz für deine Vorbereitung. Wichtig ist, dass du dich während des Pitches selbst nicht unter Druck setzt, sondern einen kühlen Kopf bewahrst. Am besten wendest du die APP-Pitch-Methode für jeden Wettbewerb an, für den du dich zukünftig bewirbst.

In diesem Kapitel möchte ich mit dir die Szenarien nach der Teilnahme an einem Wettbewerb beleuchten. Es gibt in der Regel zwei Optionen für dich, wie der Wettbewerb für dich ausgehen kann.

4.1 Was passiert, wenn du gewinnst?

Im besten Fall führt deine strukturierte Vorbereitung und das klare Konzept deines Pitches zum Erfolg. So sicherst du dir das Preisgeld und kannst dein Startup auch finanziell weiter vorantreiben. In einigen Fällen ist der Gewinn eines Pitching-Events mit einem konkreten Vertragsabschluss verbunden, durch den der Veranstalter Auflagen für die

Verwendung der Fördermittel oder des Preisgeldes benennt. Aber in den meisten Fällen darfst du das Preisgeld frei verwenden.

Vor jedem Wettbewerb empfehle ich dir eine Liste anzufertigen, in der du die Verwendung des Preisgeldes bzw. der Fördermittel grob beschreibst. Dafür beantwortest du die folgende Frage: Wofür möchte ich das Preisgeld verwenden? Sei kreativ und überlege dir mindestens fünf Szenarien, wie du die Mittel verwenden würdest. Denn falls du gewinnst, verlierst du keine Zeit und kannst direkt mit der Skalierung deines Startups weitermachen.

Meiner Erfahrung nach sind die Antworten auf diese Frage von Gründer*innen sehr unterschiedlich. Einige Gründer*innen wollen mit dem Preisgeld einen Prototypen finanzieren, andere wollen das Geld für Marketingzwecke verwenden. Die Juroren und Investoren freuen sich natürlich, wenn das Preisgeld für konkrete Maßnahmen genutzt werden, die dem Startup dabei helfen, weitere wichtige Meilensteine zu erreichen.

Du kannst die Liste beliebig lang fortsetzen. Je mehr Ideen und Aktivitäten du notierst desto besser. Dennoch solltest du den Juroren nur die wirklich wichtigen Aktivitäten präsentieren. Damit du die besten Aktivitäten aus deiner Liste herausfindest, empfehle ich dir die „Eisenhower-Methode" zu nutzen. Bei dieser Methode sortierst du die oben aufgezählten Einsatzmöglichkeiten des Preisgeldes in ein Diagramm ein, bei dem die X-Achse mit der Wichtigkeit definiert ist und die Y-Achse mit der Dringlichkeit.

Wie in der Abb. 4.1 zu erkennen ist, ergeben sich aus der Darstellung vier Handlungsmöglichkeiten für dich.

- Feldbereich 1: Alle Aktivitäten, die du hier einsortierst, sind wichtig UND dringend. Das bedeutet, dass du diese Aktivitäten sofort und am besten selbst erledigst.
- Feldbereich 2: Alle Aktivitäten, die du hier einsortierst sind wichtig, aber NICHT dringend. Das bedeutet, dass du dir für diese Aktivität einen Reminder in deinen Kalender setzt, bevor sich die Dringlichkeit dieser wichtigen Aktivität erhöht.
- Feldbereich 3: Alle Aktivitäten, die du hier einsortierst, kannst du direkt vergessen. Denn hier werden Aktivitäten einsortiert, die

4 Nach dem Event – Optionen, Nachbereitung und Ausblick

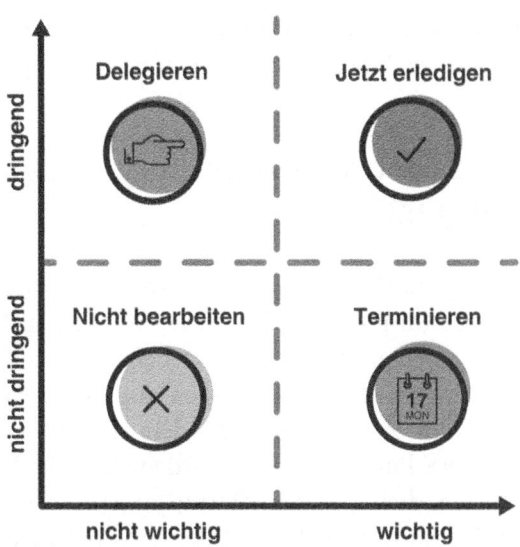

Abb. 4.1 Priorisierungsmatrix nach Eisenhower

NICHT wichtig sind und NICHT dringend. Warum also in die Planungen miteinbeziehen?
- Feldbereich 4: Alle Aktivitäten, die du hier einsortierst, sind NICHT wichtig, aber dringend. Diese Aufgaben eigenen sich hervorragend, ausgelagert zu werden. Entweder an externe Dienstleister oder an Mitarbeiter.

Nachdem du alle Aktivitäten mit diesem Raster einsortiert hast, solltest du die Aktivitäten der Reihe nach in eine Chronologie setzen. Das bedeutet, dass du dich fragst: „Welche dieser Aktivitäten, muss, kann, darf ich als nächstes erledigen"? Nachdem du die erste Aktivität definiert hast, fragst du dich, was die zweite Aktivität sein wird, und so weiter.

Wenn du das Raster konsequent umsetzt, dann erhältst du automatisch eine Roadmap bzw. eine Projektplanung, mit der du sehr fokussiert und ergebnisorientiert arbeiten kannst. Das überzeugt dann Juroren von dem sinnvollen Einsatz der Preisgelder. Die Eisenhower-

Methode kannst du nicht zur Beantwortung der Frage nach dem Preisgeld nutzen, sondern auch für dein Pitch-Deck auf der Traction-Slide.

4.2 Was passiert, wenn die Jury anderer Meinung ist?

Auch eine optimale Vorbereitung führt natürlich nicht automatisch zum Gewinn. Neben dir gibt es viele weitere Wissenschaftler*innen, die sich viele Monate auf den Wettbewerb vorbereitet haben. Womöglich haben einige von ihnen sogar dieses Buch zur Vorbereitung genutzt. Dennoch solltest du Rückschläge für dein gesamtes Projekt verallgemeinern. Weitere Pitching-Events werden dir sicherlich zahlreiche neue Chancen bieten, dich und dein Startup zu präsentieren.

Ich empfehle dir, immer wieder mal deine Notizen zu diesem Buch zu reflektieren und dein Pitch-Deck an den Rückmeldungen des Wettbewerbs anzupassen. An welcher Stelle könnte die Jury das Vertrauen verloren haben? Wo hatten die Mitstreiter ihren entscheidenden Vorteil? Durch derartige Selbstanalysen steigerst du deine Chance, beim nächsten Event zu gewinnen. Schließlich gehört die Selbstreflexion und ständige Optimierung und Anpassung zur Kernkompetenz eines Entrepreneurs.

Manchmal spielen aber auch externe Rahmenbedingungen eine Rolle, die du nicht beeinflussen kannst, wie etwa die Veranstalter möchten regionalen Startups fördern, die Jury kann die Qualität von Science-Tech-Ideen nicht einschätzen oder dein Thema ist einfach noch zu früh für den Markt. Bei der nächsten Teilnahme an einem Wettbewerb, versuchst du die Lernerfahrungen aus deiner Selbstanalyse in den neuen Pitch einzubauen. Wenn du das konsequent immer wieder machst, wirst du merken, auf welche Erfolgsfaktoren du bei welchen Wettbewerben achten musst. Diese Faktoren ergeben am Ende den perfekten Science-Tech-Pitch.

4.3 Mit jedem Versuch zu mehr Erfahrung

Dein Pitch ist wie ein Produkt: Durch Feedback wird er immer besser. Du wirst auch weiterhin neue Chancen bekommen, die du mit guten Konzepten nutzen kannst. Auch hierbei wird dir dieses Buch mit Sicherheit weiterhelfen. Erfolg ist kein Zustand, sondern ein Prozess. Deshalb möchte ich dich am Ende dieses Buches dazu motivieren, an deinen Ideen dranzubleiben und weiterzumachen, auch wenn du vielleicht denkst, nicht mehr auf dem richtigen Weg zu sein. Wenn du selbst an das glaubst, was du machst, dann wird früher oder später der Erfolg auch kommen.

Erfolg kann sich am Ende nur dann einstellen, wenn du auch die Dinge *machst*. Nur dieses Buch zu lesen wäre viel zu einfach. Du musst dich hinsetzen und deine Ideen und Gedanken zu Papier bringen, denn nur dann hast du auch was *gemacht*. Denn indem wir handeln und Dinge *machen*, erzeugen wir Ergebnisse, die uns weiterbringen. Alles andere kostet nur Zeit und bringt dich nicht weiter.

Deshalb greife spätestens jetzt zum Stift und lege los (falls du es nicht schon längst getan hast).

Ich wünsche dir ganz viel Erfolg beim Pitchen deiner Ideen!

Dein Bartosz

4.3 Mit jedem Versuch zu mehr Erfahrung

Danksagung

Als ich im März 2020 auf die Idee kam ein Buch über meine Erfahrungen mit Science-Tech-Pitches zu schreiben, habe ich gedacht, ich könnte innerhalb von drei Monaten ein Buch veröffentlichen. Diese naive Vorstellung wurde spätestens nach der zehnten Seite widerlegt. Hätte ich damals erahnt, wie viel Geduld und Fleiß so ein Buchprojekt abverlangt, ich hätte es wohl nicht gemacht. Dennoch bin ich froh es getan zu haben und möchte die vielen Erfahrungen, die ich während des Schreibens gemacht habe, nicht missen.

Mir wurde bewusst, dass an einem Buch nicht nur ein Autor schreibt, sondern ganz viele Menschen einen Beitrag dazu leisten, dass die Buchstaben, Wörter und Sätze so abgedruckt werden können, wie sie jetzt vorliegen. Ohne diese wundervollen Menschen gäbe es wohl dieses Buch nicht.

Zu einem dieser wundervollen Menschen gehört meine Frau Anja, die mir geduldig bei meinen Buchideen zuhörte, mich immer wieder beim Schreiben unterstützte und mir auch in anstrengenden Phasen den Rücken freihielt. Ohne sie hätte ich wahrscheinlich wirklich nach zehn Seiten aufgehört! Auch meine Eltern und Schwiegereltern gaben mir den Rückhalt und die Entlastung, mich voll und ganz auf das Buchprojekt zu konzentrieren.

Danksagung

Neben meiner Frau gilt mein gilt mein Dank jenen Personen, die sich bereit erklärt hatten, viele Textstellen zu lesen, konstruktives Feedback zu geben, und zahlreiche Tipps zu geben und einige Vorschläge zu machen, damit das Buch zu dem wurde, was es heute ist.

Vielen Dank an:

Sabine Remmert
Hardy Isken
Christine Göring-Klein und
Ibrahim Gencaslan

Mit eurem Support ist aus einer Idee ein Buch geworden, das vielleicht einige Wissenschaftler*innen dazu motiviert, ein eigenes Startup zu gründen und viele tolle Preise zu gewinnen.

Neben dem Inhalt spielt auch die Gestaltung des Buches eine wichtige Rolle. Damit die Leserschaft nicht von der ersten Illustration abgeschreckt wird, habe ich mir professionelle Hilfe ins Boot geholt. Vielen Dank an Jonathan Meier, Gründer und Geschäftsführer der Finer Digitalagentur, der innerhalb kürzester Zeit ein visuelles Konzept für das Buch entwickelt hat und alle Illustrationen in diesem Kapitel erstellt hat. Mit seiner Arbeit hat das Buche eine große Aufwertung erhalten.

Bei der Konzeption des Buches war mir klar: ich möchte das Buch als Verbindung zwischen der physischen Welt und digitalen Welt verstehen. Aus diesem Grund habe ich QR-Codes genutzt, um den Leser*innen eine anschauliche Möglichkeit zu geben, wie Pitch-Decks umgesetzt werden können. Zugleich finde ich die Interaktion zwischen Offline- und Onlinewelt sehr spannend.

Damit technisch alles einwandfrei funktioniert, habe ich Patrick Biermann konsultiert, der Gründer und Geschäftsführer der Finer Digitalagentur ist. Patrick hat die Website programmiert und eine Verbindung zwischen der Online- und Offlinewelt geschaffen.

Die Leser*innen finden auf der Website zwölf anschauliche Pitch-Deck-Slides, die von Carina Weber erstellt und gestaltet wurden. Carina Weber hat es immer wieder geschafft, mich mit ihrer Kreativität und

Professionalität zu verblüffen. Ich denke, ihr Können und ihr Qualitätsanspruch ist auf den Slides gut erkennbar.

Und zum Schluss möchte ich mich bei den vielen, vielen Startups bedanken, die ich seit 2014 begleiten durfte. Ich empfinde es als großes Geschenk, dass ich viele Gründer*innen zu Beginn ihrer Unternehmensgründung begleitet habe. Die Gespräche, Anmerkungen und Reflexionen, die ich gemeinsam mit den Gründern erleben durfte, wurden zu der Grundlage dieses Buches und ließen mich die Sichtweise von akademischen Gründer*innen besser verstehen.

Allen Gründer*innen und Startups wünsche ich viel Erfolg!

Habt Vertrauen in euch und eure Ideen!

The manufacturer's authorised representative in the EU is Springer Nature Customer Service Centre GmbH, Europaplatz 3, 69115 Heidelberg, Germany. If you have any concerns regarding our products, please contact ProductSafety@springernature.com

Printed and bound by CPI Group (UK) Ltd, Croydon, CR0 4YY
25/03/2026
02078185-0006